U0136023

六都與中央治理
模式探微

姚祥瑞　著

蘭臺出版社

序　言

　　本著作第二章至第五章的四篇論文均經發表，「抗旱一頁」為短篇，發表於 2012 年翡翠水庫建庫 25 周年特刊，其他三篇包括「六都時代中央與地方權限爭議解決模式：以就業服務法權限下放為例」、「中央與地方權限劃分：臺北市自來水水權劃分觀點」及「臺灣水庫興建模式：政策執行觀點」等則陸續於 2013、2014 及 2015 發表於中國地方自治學會刊物，其中「六都時代中央與地方權限爭議解決模式：以就業服務法權限下放為例」並為該學會主辦之「2013 六都時代地方治理學術研討會」發表之論文。

　　四篇論文分配於第二至第五章，主要探討台灣六都與中央治理議題，章節安排以「臺灣水庫興建模式：政策執行觀點」為先，編排於第二章，主要考慮時間背景涵蓋解嚴前後，內容又涉及到早期地方主導與監督模式以及中央與地方主導與監督模式，除了比較不同時期的水庫執行，亦可與個案為主的國內其他水庫政策執行研究做區隔。第三章為「抗旱一頁」發生時間點為 2002 年，鑑於翡翠水庫管理局並未有該年抗旱文獻之出版，於該特刊發表亦作為翡管局對該事件的正式文獻。第四章則探討「中央與地方權限劃分：臺北市

自來水水權劃分觀點」，本文為前一章「抗旱一頁」研究之延伸，經由更深入探討，顯現出政黨分立時期的政黨競爭現狀，也點出中央與地方權限爭議問題。而第五章「六都時代中央與地方權限爭議解決模式：以就業服務法權限下放為例」發表時，正值中央與地方處於就業服務權限互動緊繃時期，如今雙方情勢雖緩，卻仍存有待解決之難題，供後續研究。

　　四篇論文經修改並增加第一章緒論及第六章結論後彙編成書，當學術界走出象牙塔已成為共識，祥瑞亦嘗試結合理論與實務，供後續或相關研究參考，並將論文彙編出版呈現，由於內容主要探討六都與中央的公共治理，故名為「六都與中央治理模式探微」，尚祈學界先進指正。

姚祥瑞

謹致於台北市立大學公共事務系

2015.11

目　次

序　言

第一章　緒論

　　六都的公共治理與公共政策為一體兩面,成功與否均在於影響民眾的程度,影響愈大,民眾關注程度愈高,不論是個人還是團體,此時支持與否即成為政府治理成功的重要因素,而所謂影響民眾程度精準地說即所謂民眾「私利」(self interest),如同 Anderson 所言,標的團體的私利為順服機能的主要因素(Anderson,1979:114),此亦可解釋當公共治理議題雖重要,卻難引起關注,或無法推動,關鍵即在於有無直接影響到個人利益所致。由於此,所以不論中央或地方政府,施政先後常取決民眾喜好,長久下來養成了無能力的政府,充其量只是做到投民眾所好,尤其六都治理,均與民眾息息相關下,地方政府若無較寬廣視野,恐也只是淪為選舉考量的政府而已。

　　本研究取的四篇論文均經發表,各章自形成一個主題,先由第二章論水資源治理,人類自古逐水草而居,水可謂萬物之母,孕育眾生,治理議題首談水資源,主要為不同時期不同水庫的興建治理為主軸,其次,於第三章論及抗旱治理模式,此篇為投稿至政府刊物文章,顧及政府謹慎特性,將 2002 年抗

旱過程擇要提出省思，無法延伸至其他治理層面，雖如此，由於政府文獻特殊性，深具研究地方政府治理參考價值。第四章則針對前述抗旱過程做更多層面之深入研究，具體提出治理建議。第五章則針對各直轄市陸續升格後面臨的就業服務治理問題提出剖析。最後於第六章提出前述各章研究後之結論。

第一節　問題意識與探討

本研究的問題意識與探討主要著重於水資源治理情勢演變、六都與中央公共治理的權限爭議及六都與中央影響公共治理互動的因素等。

壹、探究水資源治理的情勢演變

水資源治理主要探討水庫興建政策在公共治理中角色的轉換，國內水資源對於社會生活、經濟生產與環境生態更是關係密切，現有水庫質與量的穩定供水，是目前臺灣水資源保育治理最重要的目標之一[1]。若以解嚴前後為環境變化的時間點，又何以有些水庫興建在同一時期推動可以成功，有些卻是失敗，單純受限環保意識影響？還是存在其他因素，我們提出不同質疑，包括同區域同時有兩座水庫的影響、民選地方首長的自主性、重大公共治理的民意基礎等。本研究以「翡翠」、「美濃」及「寶山第二水庫」等較引起社會輿論關注的水庫興建政策，以政策執行相關理論從水庫興建、政策執行至台灣水庫興建之

---

[1]　參見曾文水庫生態知識環境教育平台「保育治理」。
http://210.69.129.209/Detail/function3_1?aid=57dd9c069f45455fafe58622cbeddcb2

政策執行檢視等，作為國內水資源治理的水庫興建模式之探討。

貳、探究六都與中央公共治理的權限爭議

中央與地方權限爭議，多在重大事件之後，比如本研究第四章探討的亢旱期間，中央與台北市對於供水調度權責歸屬易生爭議，此種爭議除歸咎權限劃分不明確外，是否還有其他因素，諸如中央集權屬性的一貫優勢，以致法規解釋甚而制定均有其主動操控的優勢存在，若此因素不變，則中央集權思維主導下，即使再多協調機制的建立也是枉然。本文抗旱研究部分，分從中央與地方合作治理模式、中央與地方法律關係、我國憲政設計下之中央與地方權限、中央與台北自來水權限劃分關鍵個案、抗旱後中央統籌調度檢驗等面向提出研究發現與建議。

參、探究六都與中央影響公共治理互動的因素

政府施政推動主要依賴人才與預算二項資源，在既有體制下中央與地方尤其六都間；如何能相互合作治理公共事務，而不受到非治理面干擾，成為地方與中央互動的重要課題。然而國內公共治理或多或少無可避免的會碰觸政黨問題，政黨競爭與政黨惡鬥不同，前者屬良性競爭民眾受益，能提升國家競爭力，後者則屬惡質政治不但民眾受害，同樣影響國家競爭力，依據瑞士洛桑國際管理學院（IMD）院長杜道明（Dominique V. Turpin）的看法，台灣是非常政治的國家，「政黨惡鬥幾乎毀

滅國家競爭力」[2]。本研究碰觸部分政黨分立問題，主要在於水權個案。

第二節 研究方法

本研究包括三個個案，共計四篇的論文，由於個案性質因素，本研究避免數字而重視社會事實的詮釋，故研究方法均屬於「質性」研究法（Qualitative Research Method）。由於研究方法影響研究結果，為使研究結果客觀，故而同一個研究議題會採取多種研究方法，是以本研究之方法涵蓋「文獻分析法」、「法制研究法」、「比較研究法」、「觀察法」及「個案研究」等五項：

文獻分析法：針對以往類似議題探討的期刊、論文、專書、研究報告、新聞資料、政府新聞稿、大法官會議解釋等，蒐集分析，作為本研究之佐證。

法制研究法：中央與地方政府間的權力規範，多以法規條文呈現，法制研究法探討法規範圍，包括權限劃分原則屬憲政層次的憲法、規範中央與地方的「地方制度法」、「水利法」及

---

[2] IMD世界競爭力中心（WCC）每年出版的「世界競爭力年鑑」，向來是各國政府施政參考的重要指標，也是我國用來衡量、提升國家競爭力的重要參考依據。參見總統府2013年4月2日新聞稿「總統接見『瑞士洛桑國際管理學院』（IMD）院長杜道明（Dominique V. Turpin）」

http://www.president.gov.tw/Default.aspx?tabid=131&itemid=29574。

至於本文內引用杜道明看法則參見2014年4月19日中時電子報「IMD：政黨惡鬥 幾毀台灣競爭力」一文。

http://www.chinatimes.com/newspapers/20140419000305-260102

引發中央權力下放爭議的「就業服務法」等，從法制分析裡了解，現有法律因應環境變遷是否已有無法適應之處，並找出解決的方式。

　　比較研究法：將不同時期水庫興建治理，做一比較，找出相異之處，說明不同時期水庫興建治理模式。

　　觀察法：主要運用在抗旱治理模式的研究，除了文獻探討，也由於親身參與，以自己的感官和輔助工具去直接觀察被研究對象，從而獲得所需資料。

　　個案研究法：本研究第三、四、五章均為單一個案，第二章水資源治理，則涵蓋多項水庫興建治理個案，經由個案研究，與理論相結合，提出運作上的實務問題。

第三節　研究架構

　　本研究架構涵蓋多個案與單一個案探討、環境因素及理論架構等：

壹、多個案與單一個案探討

　　包括多個案與單一個案探討：

　　一、多個案探討：水庫興建模式-政策執行觀點部分採取三個個案，包括翡翠、美濃及寶山第二水庫，此研究為多個案比較探討，包括政策執行變項及系絡的比較探討，以及政策執行模式的比較探討等，最後再就水庫興建之政策執行做一總檢視。

　　二、個案探討：個案探討主要在水權劃分及就服法權限分

配等問題探討上，其中水權部分主要在網絡觀點、中央與地方權限、法律關係及我國憲政設計等面向以水權個案作探討。至於就業服務部分則從垂直府際政治權限設計、五都與中央之權限關係、現行運作限制、探討及因應六都之權限作為等面向做個案探討。

貳、環境因素

影響治理的環境因素包括戒嚴前後、政黨分立及六都成立等：

一、戒嚴前後環境影響：戒嚴時期水庫興建為翡翠水庫（1979.1-1987.7）。1987 年解除戒嚴後為民主憲政時期，進行的水庫計畫則有 1992 年 11 月核定實施，預計 2007 年完成興建的高雄美濃水庫及新竹的寶山第二水庫，其中美濃水庫興建受挫，寶山第二水庫則興建完成（1987.4-2006.2），該水庫並經行政院核定列入六年國家建設計劃。

二、政黨分立環境影響：政黨分立下，推動施政為求成效，極易從良性競爭轉化為惡性競爭，2002 年抗旱期即為政黨分立狀態，當年底適逢台北市長選舉，為了勝選，專業考量總難敵過政治性要求，政黨分立下非專業性考量取代專業性的現象明顯。

三、六都成立環境影響：六都於體制雖直轄於行政院，惟因六都在組織人事和財政預算等層面均享有較其他縣、市更多的權限與資源，且六都為直轄市地位，位階等同於省，所轄面積、人口皆已超過其他縣市總和，其市長並得列席行政院會議發言，衍生的權限爭議自是牽動中央推動施政成效，更是影響

著六都未來治理。

參、理論架構

本研究理論架構包括政策執行變項、網絡治理及權力分配等部分：

一、政策執行變項

政策執行變項研究，屬學者 O'Toole 於 1986 年提出的一篇研究報告較為經典，也多為研究者所引用，其於報告內統計 1971 年至 1985 年期間，各個學者有關政策執行研究認為影響政策執行的重要變項（O'Toole,1986：185-188）。本研究取其政策執行變數分為「政策內容因素」及「系絡因素」二大類型。其中「政策內容因素」篩選政策所衍生的利益衝突、標的團體行為須調適程度、理論可行性與技術有效性、溝通有效性及政策內容明確性等五項。「系絡因素」篩選政治文化、政治體制、公眾支持、利益團體的支持及標的團體順服機能等五項。

二、網絡治理

本研究採取廣為學者間所採用的英國學者 Rhodes（1986）提出之政策網絡（policy networks）觀點，在中央就水資源領域權限改變與台北市的權限分配過程，以應用於分析英國新的地方治理型態的政策網絡，分析政府間的關係。政策網絡（policy network）的出現，強化了中央集權的傾向，表現於中央政府能透過此一系絡直接控制或指揮原本隸屬於地方政府的組織，甚至取代其職能，無形中增加中央與地方政府溝通協商的管道，減少政策執行的阻力。這也是當初提出網絡概念

的 Rhodes 所觀察結果。

三、權力分配

分由單一制國家「雙元制」（dual system）與「混合制」（fused system）及聯邦制國家的「固有說」或稱「獨立說」的探討，了解地方政府與中央運作以及地方自治體經由法定程序取得國家權力的分配方式。另一種區分方式不僅適用於單一制，也常見於聯邦制國家，即為派出制（deconcentration）、地方分權（decentralization）及地方自治（devolution）等三種。

研究架構圖如 1-1

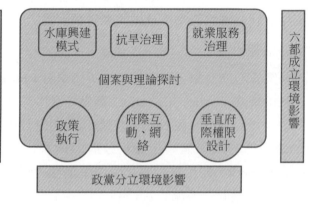

圖 1-1　研究架構

第二章　水資源治理-臺灣水庫興建模式：政策執行觀點[3]

　　台灣大小水庫四十餘座，以台灣面積而言比例不可謂不高，水庫興建最頻繁的時期落在 1987 年前，這個時間點為台灣在大環境變動的切割點，1987 年前為戒嚴時期，1987 年後回歸民主憲政，解嚴前後水庫興建計畫裡，又以翡翠、美濃及寶山第二水庫等較引起社會輿論關注，本研究即以此三座水庫興建作為探討台灣水庫興建模式的案例。其中戒嚴時期水庫為翡翠（3 億 9 千 084 萬立方公尺)1979 年 1 月至 1987 年 7 月。1987 年解除戒嚴後為民主憲政時期，進行的水庫計畫則有 1992 年 11 月核定實施，預計 2007 年完成興建的高雄美濃水庫（有效蓄水量 3 億 2 千 7 百萬立方公尺）及新竹的寶山水庫，其中美濃水庫興建受挫，寶山第二水庫則於 1987 年 4 月至 2006 年 2 月完成，該水庫並經行政院核定列入六年國家建設計劃。值此 2015 年全台又因天候異常、降雨減少，面臨乾渴之際，我們

嘗試從政策執行觀點對這三座水庫計畫執行作分析探討，提出建議供政府參考。

第一節 水庫興建模式理論探討

政策執行理論從 1970 年代起成為政策分析的研究主流，其中提吃較完整的執行架構者則為 Deniel A.Sabatier 和 Paul A.Mazmanian 的執行變項主要分成三大項，包括問題的可支配性、政策本身形成執行的能力及非政策本身影響執行的變項（Sabatier & Mazmanian,1979：542），此三大項又可細分若干小項，使各階段影響政策執行變數之考量盡量完整。O`Toole 則於 1986 年一篇研究政策執行的報告裡統計了 1971 至 1985 年間一百餘篇有關政策執行研究整理出各個學者政策執行重要變項，在 O`Toole 整理的變項裡，多位學者提出的「政策執行系絡」、「政策內容因素」及「系絡因素」等概念亦將影響政策執行變數。連同 Sabatier 和 Mazmanian 的執行變項，篩選出部分適合本文之政策執行系絡、政策內容因素（content）及政策系絡因素（context）等作為研究架構。本文的執行系絡為政策過程中各個參與者之間互動作用所組成，Linblom 認為大部分的核心政策制定者（proximate policy maker）都是政府官員（1994：17），本文的執行系絡除了中央與地方政府機關外，還包括參與互動的民意代表、大眾傳媒及環保團體等。至於政策內容因素及政策系絡因素建構如下

一、政策執行變項內容影響

　　與本文研究相關之執行變項包括政策所衍生的利益衝突、標的團體行為須調適程度、理論可行性與技術有效性、溝通有效性及政策內容明確性等五項。

（一）政策所衍生的利益衝突

　　政策類型不同，利益影響程度亦有所不同，其中 Theodore J.Lowi 與 Grance A.Franklin 及 Randall B.Ripley 依據政策影響人數及相互間關係將政策分為分配性政策（distributive policies）、管制性政策（regulatory policies）及重分配性政策（redistributive policies）三種，而 Ripley 和 Franklin 則除前述三種分類外，增加競爭規制性政策（competitive regulatory policies）（Lowi,1964：677.Ripley& Franklin,1986：75）。Dunn 則依據政策結構面向，將公共政策所衍生的利益衝突程序依其結構分為結構性優良問題（well-structured problem）、結構性適中問題（moderately structured problem）及結構性不良問題（ill-structured problem）（Dunn,1994：104-105），其區分則依其涉及屬於少數或多數決策者外，並依其執行結果所涉風險及其不確定因素等作考量。

（二）標的團體行為須調適程度

　　人民因文化、歷史因素習於一套生活之定向模式，此一模式傾像於保守持續狀態，據此未達政策目標，標的團體行為所須調適程度愈小愈好。一般來說，導致標的團體行為重大改變的政策將比小幅度改變的政策難以執行（Van Meter & Van

Horn,1975：459），政策變遷愈大，改變標的團體行為的幅度亦較大。再提出政策變遷的多位學者中，Jaqi.Nixon 將政策變遷的型態分為創新性（innovation）、發展性（development）和改革性（reform）等三種類型（Nixon,1980：131），創新性政策由於改變標的團體行為幅度較大，成功機會較小，而改革性政策改變行為幅度較小，成功機會較大。

（三）理論可行性與技術有效性

　　政策的制訂有一套完整的理論基礎，以顯示政策問題與政策方案間的因果關係，有效的理論欠缺、必要的技術不精，將對有效的政策執行加諸諸多的困難（林水波，1981：472），而所謂的技術有效性 （technical validity）意使政策產生所欲結果的能力（Berman,1978：163），為指涉標的團體行為與政策目標成就間的關係。

　　在理論與技術之專業領域裡，亦往往因不同類型階級而互相產生衝突，Thomas Brante 對專家（professional）於其領域的專業（profession）依其階級背景（class context）與權力地位（power position）將專家分成自由式的專業（free professions）、學院式的專業（academic professions）、（福利）國家式的專業（professions of the（welfare）state）及資本式的專業（professions of capital），不論國家或社會，因階級地位爭奪資源權力，而存在不同階級的潛在衝突，即使同一領域不同類型階級，也存在可能性之衝突，對此種權利與社會資源的爭奪，最明顯的表現在各種公共政策之上（Brante,1990：90）。

（四）溝通有效性

溝通在政策過程中無疑是扮演重要的一環，溝通的有效與否關係著政策的成敗，早期研究溝通是以溝通者相互間的互動行為為主，直至 1980 年代轉為注重溝通所傳達的訊息，即「言辭」本身（Putnan& Roloff,1992：6）。為達到有效溝通目的，說話者的言詞行動必須符合預設的四種有效訴求，包括可理解姓（comprehensibility）、真實性（truth）、真誠性（truthfulness）及正當性（legitimate），此一溝通理論主要以「理想言談情境」（ideal speech）概念為主，雙方共識的達成必須在前述情境中由「較佳論證」（better argument）的一方來達成。

（五）政策內容明確性

政策目標若籠統不具體，則執行人員無法針對確定而具體的目標有效執行，而形成政策執行失敗。政策執行的首要嚴重錯誤，就是決策者訂定了不實際或籠統不具體的政策目標（Drucker,1980：103）。在實際制定政策時，有些因素確實會影響政策制定者，包含技術上的限制，即政策目標達成的手段欠明確以及制定政策時概念的混淆性，使執行人員無法明確依循政策指令辦事，以致依臆測和自行創造手段方法來完成目標（Nakamura& Smallwood,1980：34-40）。

二、政策執行變項系絡環境形成

依本文研究時程篩選出政治文化、政治體制、公眾支持、利益團體的支持及標的團體順服機能等五項，作為研究之執行變項系絡環境。

（一）政治文化

　　所謂政治文化（political culture）就是每個政治系統內成員對「政治行動」（political action）取向的特殊模式（Almond,1956：39），政治文化分類由於指標不同而有不同類型，依 Gabriel A.Almond 與 Sindney Verba 就系統成員對政治目標認知、感情和評價取向所為之分類，較符合本文研究之範圍（1963：16-18）。依其分類包括成員對政府決策過程無法知覺的「地方性的政治文化」（parochial political culture）、政策參與偏向政策輸出階段的「臣屬性政治文化」（subject political culture）及大部分成員對政策輸入面及輸出面皆能高度參與的「參與性政治文化」（participant political culture）。

（二）政治體制

　　依據 Peter S. Cleaves 觀點，認為國家可分為「開放」、「封閉」及「中間」三個類型（Grindle,1980：282-283），所謂「開放型」是指不論利益團體或政府機構，針對公共問題解決均能自主地透過法定程序，及公平競爭的過程，彼此互動妥協，政策制定過程可謂已透明化。「封閉型」指政府控制了所有的組織與資源，政策制定過程無大眾表示意見之管道，政策執行多以強制的公權力為後盾。依此分類，我國在戒嚴時期政治體制應可定位為「封閉」及「中間」二種類型之間，而解除戒嚴後，則應為「中間」型國家，在歷經二次政黨輪替後，台灣在政治參與及權力分散程度，已屬「開放」型國家階段。

（三）公眾支持

民眾參與理論強調民眾參與公共政策發展的正面效果，但在一般情形下，一般民眾除非是影響到個人的利益，否則對公共政策態度較傾像漠然不關心，故而如何引導民意就成了政策推行者所常面對的問題。Valdimer O.Key 在其所著 'Public Opinion and American Democracy' 一書中即曾表示所謂「公意」實為政府所常設法製造的，目的為順利執行其所倡導的計畫和政策，並直言此種政府即是公意的政府；而非受公意支配的政府（1967：422-423），為獲得公眾支持，政府政策應以宣導及推廣措施等多種手段推介給各界，然而政策制定由於受制於未能開放的大環境因素影響，使各界於輸入面的投入過少，而認為本身意見未受適當尊重，致使政策執行階段因無法獲得各界支持而遭遇相當壓力。

（四）利益團體的支持

在公共政策制定過程中，利益團體是一個重要環境因素（Dye,1998：303-305），由於民眾對公共政策的冷漠使得環保團體得以介入，而環保團體的介入，將影響媒體報導甚而民意走向，其行動策略包括出版、研究、參與政策的規劃、遊說、舉辦公聽會、監督法令立法、媒體宣傳、請願、抵制、直接行動、遊行示威抗議、訴願及參與政策執行等十二項（王俊秀，1993：15-26），前述策略常能影響政府立法與行政部門之決策制定，使利益團體能直接介入政府決策，政府與利益團體此種關係下，原為民主國家決策中心的國會，已不再享有最後的政策決定權，政策的形成已由政府與利益團幾間的諮商妥協過程

予以取代（楊泰順，1992：12）。

（五）標的團體的順服機能

標的團體乃是政策所直接實施的對象，標的團體對於政策的接受性，直接影響政策執行的成敗，而所謂順福即指標的團體願順從接受配合政府推動政策，已達政策目標。一般學者認為標的團體順服的主要原因包括政治社會化成功，使標的團體在潛移默化中內化心中對政府的支持、政策是否合乎法定過程、對政策順服而產生的成本利益考量、經過理性考量配合政策、基於私利的考慮、避免受到懲罰及情勢變遷而改變對政策的看法等（林水波，1992：23-26。吳定，1991：337-339。張世賢，1990：286-289）。

第二節　台灣水庫興建之政策執行模式

解嚴前後水庫興建之政策模式可涵蓋中央指導監督模式、地方主導監督模式及中央與地方督導模式等三種。

一、中央指導與監督模式

翡翠水庫興建屬於此類模式，分從其政策過程計畫經費、參與者互動過程等面向析述之。

（一）翡翠水庫政策過程及計畫經費

台北市自 1968 年擴大轄區改制為院轄市後，預估 1991 年及 2011 年每日供水量不足，必須開發新的地面水源，增加自來水供應，才能滿足大台北地區民眾用水需求，於是遠程之自來水第四期計畫興建大型水庫方案開始形成。

　　台北市政府於1971年至1978年間進行委託研究及可行性規劃，定案研究工作則於 1977 年 1 月委託中興社辦理，並由中興社自美聘請各類專家就罷行選擇及壩址之確定做最後結論，提經行政院經建會於 1978 年 10 月 17 日及 12 月 6 日兩次開會定案[4]。

　　翡翠水庫工程興建自 1979 年 6 月至 1987 年 6 月完成，施工歷時八年，1979 年經建會審議後確立計畫執行機構「翡翠水庫建設委員會」（以下簡稱翡建會），負責興建事宜，主任委員由台北市長兼任，水庫工程之施工管理，則由台北市政府委託台灣電力公司辦理。翡翠水庫計畫總工程費原為 55 億元，1971 年完成基本設計後，受中東戰爭影響，石油價格上揚，物價上漲，水庫興建建費亦跟著增加，經奉准修正為 124 億 4 千七百餘萬元。

（二）參與者互動過程

1.機構部分

　　翡翠水庫計劃設計由國人自行負責，大壩工程及周邊設施由台北市政府委由台電公司辦理，並由經濟部督導，行政院經建會負責計畫管制，大壩設計則交由中興工程顧問社負責，大壩主體工程及周邊設施另由台電公司發包與榮工處實際執

---

[4]　參見 1.中興工程顧問社，國際工程顧問公司，美怡工程公司，「台北區自來水第四期建設計畫可行性規劃報告」1974 年 12 月，頁 9-11。2.台北翡翠水庫管理局，「翡翠水庫計畫執行成效評估報告」，1988 年 10 月，頁 8。3.行政院經濟建設委員會，「第三十二次委員會議紀錄」，1978 年 2 月 6 日。4.行政院經濟建設委員會，「第三十九次委員會議紀錄」，1978 年 10 月 17 日。

行。

　　1983 年於施工期間由行政院指示成立「台北水源特定區管理委員會」（以下簡稱水源會）負責水源區之管理，為集水區管理，翡建會亦曾多次邀集行政院經建會、內政部營建署、台北縣政府及省林務局舉行協調會議，以加速處裡濫墾濫建案。

　　2.社會輿論部分

　　翡翠水庫計畫於 1974 年規劃研究階段即已引起社會注意，當時台北市縣各地之村里長串聯集體請願，立法委員、台北市議員及台北縣議員等各級民意代表相繼提出質詢，議題焦點仍以大壩安全為主。動工前三年台北市議會及立法院民代即多次關注翡翠水庫計畫而提出質詢[5]。

　　由於翡翠水庫計畫核定並未送立法院審議，立法委員曾聯署 36 人提案，促請行政院將「翡翠谷水庫興建計畫」函送立法院交付有關委員會審查，經國民黨立法院黨部先後兩次會議研討結論未獲正面回應[6]。在此之前，立法委員對翡翠水庫計畫所提之質詢案已有 10 次以上[7]。

　　林洋港於1976年上任台北市長後，宣布水庫「勢在必行」，當時曾成為反對水庫計畫人士攻訐對象，並曾被攻訐為「共匪

---

[5]　參見立法院，立法院公報，1976 年冬字 11 月。中國時報，1976 年 11 月 19日，二版。

[6]　參見國民黨立院黨部，26 屆 22 次委員會議紀錄，1977 年 12 月。

[7]　參見立法院，立法院公報，1976 年冬字 12 月。中國時報，1977 年 12 月 9日，二版。

同路人」、「陰謀水洗台北市」[8]。同年二月由立法委員發起於立法院舉行學術座談會，出席者包括中央研究院暨各大學水利、土木、地質、地球物理等理工專長之學術座談會，出席學者在當代學界頗具代表性，如在地質界有「南張北王」之稱的張石角與王鑫，與會絕大多數學者，包括張王二位均反對翡翠水庫興建計畫（陳海萍，1978：27-33）。

　　民意代表除立法委員外，國大代表亦於國民大會第六次會議中分兩批共二百八十九人聯署提案反對興建翡翠水庫，同一時間台北縣議會決議反對台北市政府在台北縣境內興建翡翠水庫，1978 年 5 月 11 日省議員多人亦針對翡翠水庫興建一案認為應先徵詢民意，再舉行專家聽證會，而代表部分輿論的「中華民國雜誌協會」於 1978 年 1 月招開常務理事會議，決議採取反對興建翡翠水庫立場[9]。

　　3.居民部分

　　翡翠水庫計畫尚未定案時，計畫區內受影響之台北縣石碇鄉碧山村民三十餘人於 1976 年 8 月聯名向台灣省議會陳情，內容為建翡翠水庫壽命僅 50 年，卻須毀損無數農村房舍果園等，利少弊多[10]。此陳情亦是文獻上針對翡翠水庫興建出現較早的居民正式書面意見，代表當時居民反對興建立場。

　　自 1979 年水庫興建起，陳情案件不斷，加以居民進出家

---

[8]　參見中國時報，1978 年 3 月 30 日，四版。

[9]　參見國民大會提案 155 號、386 號、國民大會第六次會議紀錄，1978 年 3 月。民族晚報，1978 年 3 月 19 日。中國時報，1978 年 5 月 12 日：二版。中華雜誌，「雜誌事業協會來函支持本誌對翡翠水庫立場」，175 期，1978 年 2 月。

[10]　參見中國時報，1976 年 8 月 29 日：二版。

園必經之施工區，又於 1981 年 12 月頒布管制辦法，包括必須於管制站接受國民身分證登記，農作物則接受檢查，使居民與執行管制之翡建會常生衝突，並多次抗爭阻撓施工。

居民抗爭阻撓行動以 1982 年 2 月及 4 月兩次較為明顯，其中 2 月 1 日至 3 日，當地居民一百餘人阻撓大壩壩基開炸，4 月 28 日至 5 月 1 日間，為了補償方式認知差距，居民集體靜坐抗議，並以卡車阻擋產業道路，不准施工車輛通行，雖經相關單位開會處理，惟問題仍未獲解決。

翡翠水庫興建期間最後一次大規模抗議在 1987 年 6 月 30 日竣工典禮當天，原因則包含進出道路因水庫局部蓄水淹沒，對於居民增班船要求又無法同意，加以 1987 年 6 月省府公告，預計三年內完成淹沒區 171 公尺以上農林作物補償，進度緩慢引起居民質疑致居民一百餘人至現場抗議，由於管理單位事先採取防範措施，將居民以警察人牆方式阻擋於離現場 700 公尺遠之隧道外，居民當日抗議未成（姚祥瑞，1985：75）。

二、地方主導與監督模式

美濃水庫依其發展結果，其屬性可為地方主導與監督模式。

（一）美濃水庫政策過程及計畫經費

美濃水庫早於 1971 年 12 月即完成蓄水規劃研究[11]，該案研究結果直至 1980 年 11 月始由經濟部與台灣省政府決議，美濃水庫計畫由經濟部水資源統一規劃委員會（簡稱水資會）主

---

[11] 參見中興工程顧問社，「環境影響評估報告」。1980：1-1。

辦。

　　水資會於1981年至1989年底辦理規畫研究及可行性規劃研究，經濟部於1990年2月研提「高屏地區美濃水庫工程計畫」報行政院，同年10月環境影響評估報告通過，經經建會審議並經修正計畫後，於1992年11月由行政院正式核定實施。美濃水庫屬離槽式水庫，完成後之蓄水規模僅次於曾文及翡翠二座水庫，計畫經費609億元。

（二）參與者互動過程

1.機構部分

　　美濃水庫興建案核定後由「經濟部水資源局」（隸屬經濟部，為原水利司與水資會合併改制）負責推動執行工作，從1992年12月10日起至1993年5月底止，經濟部水資源局主辦或參加之說明會一次、記者會三次、座談會三次、研討會二次、公聽會二次、演講會二次、黨政協調會一次、學術界溝通十一人、拜會地方首長及主管三次、拜會或宴請地方意見領袖三次，自計畫核定後至預算首次被立法院刪除，僅有八個月互動時間，由此亦可看出水資源局在此時期相當積極的推動美濃水庫計畫。

　　美濃水庫自1994年度起連續三年編列預算，惟均遭立法院刪除，其後1997、1998年度美濃水庫計畫預算僅保留科目，計畫停滯不前。

2.民意及民間團體部分

　　美濃地區最早的反水庫團體「愛鄉協進會」於美濃水庫核定第二年的一月即成立，使美濃民眾反水庫興建活動組織化，

對外反對活動多由該會代表，自成立起即積極投入反美濃水庫活動，自 1993 年 3 月起至 1994 年 4 月止，包括赴經濟部溝通、結合「優劇場所」及「自立晚報」於清華大學舉辦之座談會、至高雄縣政府陳情、至立法院陳情及參與公聽會、至行政院請願、號召美濃鎮民北上立法院陳情抗議等。其中 4 月 16 及 25 日公聽會暨立法院抗議達到效果，使 1994 年度編列之 18 億 5 千 2 百萬元預算悉數遭立法委員刪除。

美濃水庫議題引發之互動於預算遭刪後沉寂，然 1998 年 4 月行政院長蕭萬長「美濃水庫一年內動工」之一席話經報載後又開始啟動，包括利用蕭院長 4 月 19 日視察高雄縣時遞交陳情書、為強化反對水庫興建聲勢與力量於 5 月 31 日另成立反對水庫興建團體-「反水庫大聯盟」、6 月 15 日反水庫大聯盟結合「愛鄉協進會」等其他團體至行政院環保署抗議等。

美濃水庫計畫至此已成為全國性議題，電子媒體「全民衛視」（簡稱民視）決以現場轉播方式邀請政府代表「水資源局」、「美濃發展協會」與反對美濃水庫興建之鎮民於 1998 年 6 月 27 日做面對面溝通，後因顧及「人身安全」由水資源局於舉行之前一晚傳真告知取消，臨時取消引起策畫月餘的民視不諒解，亦使當日原訂出席的各界代表，包括成大、台大、世新等學者教授及多位年底將面臨選舉的現任立委、省議員等民意代表及美濃地方人士等不滿[12]。1999 年度經濟部水資局以座談會、系列說明會及敦親睦鄰等方式進行溝通說明，惟計畫進行並不

---

[12]　參見台灣時報，1998 年 6 月 28 日，高雄版。民眾日報，1998 年 6 月 27 日，22 版、6 月 28 日，高屏綜合版、6 月 29 日，高縣要聞版。

順利，第一場 1998 年 8 月 31 日晚上說明會，在反水庫團體「愛鄉協進會」帶領抗議下，會場混亂草草結束，以致原規劃後面八場說明會均無法進行。

美濃愛鄉協進會及反水庫大聯盟為展現美濃鎮更高民意，連署十位鎮代及十八位里長抗議聲明，呈遞總統府、行政院、立法院、監察院、高雄市政府及水資源局等單位，並於 9 月 4 日攜帶該聯署聲明及發動四百位鎮民包圍水資源局設在旗山糖廠的「水資源開發協調中心」另抗議水資源局以賄賂手段招待老弱婦孺參加「鄉親訪曾文親水知性之旅」及發一千元換取贊成水庫興建之簽名等不法行為，贊成興建美濃水庫的「美濃發展協會」針對反水庫團體的抗議行動，於次日指出政治作秀意味濃厚，正反意見團體在美濃水庫議題上互為駁斥，並以地方性媒體作為理念宣示及互駁媒介。

水資源局雖在說明會與美濃鎮民互動受阻，但卻於溝通計畫另一部分-水庫觀摩活動有順利進展。規劃自 1998 年 6 月底至 7 月中旬，每週辦理三場次，預計九場次，共約四千人次，安排參觀之水庫計有石門、曾文、鯉魚潭、南化、德基及翡翠等六座水庫，惟因主客觀因素直至 1999 年 4 月 25 日仍在辦理該項活動，由於說明會因前述抗議事件影響而停辦，水庫觀摩成為與居民主要互動方式。1999 年 2 月 23 日水資源局長徐享崑對外宣示美濃水庫列為水資源局今年度四大工作目標之一，預計今年 7 月後即可開始動工[13]。針對水資源局的宣示，美濃愛鄉協進會及反水庫大聯盟於 1999 年 4 月 15 日結合民進黨十

---

[13]　參見中國時報，1999 年 2 月 24 日，六版。

三位正義連線立法委員，於立法院召開「反對興建美濃水庫」記者會，並於 4 月 18 日發動鎮民五百餘人連夜北上立法院，將於次日立法院審美濃水庫預算時表達抗議反對立場，此一北上抗議行動發揮效果，使美濃水庫計畫先期預算在委員會中遭立法委員擱置。美濃地區對水庫興建支持的「美濃發展協會」，亦於 1999 年 4 月 25 日動員民眾由該協會總幹事邱三益領隊，前往台北表達另一種支持水庫興建之意見。

　　1999 年 5 月 28 日無疑是關鍵一日，立法院院會當日審查美濃水庫先期計畫預算二億五千萬元，愛鄉協進會及反水庫大聯盟於該日號召美濃鎮民近百人再次北上立法院，清晨五點分成四組人馬守候立法院各出入口，向往來議場、會館的朝野立委遊說，院會審查預算自上午十一時至晚上八時四十分結束，經五次投票表決最後以九十四票對九十票通過美濃水庫先期計畫經費，總計此次預算審查期間，美濃反水庫團體動員超過二千人次，分四次六天搭乘夜車北上請願。2011 年 5 月經濟部水利署上網發包「美濃溪水資源規劃檢討計畫」，又引發美濃民眾擔心水庫計畫起死回生，復經水利署發布新聞稿澄清並無此案使爭議暫告結束[14]。

三、中央與地方督導模式

（一）寶山水庫政策過程及計畫經費

　　寶山第二水庫除供應新竹市、竹北市、竹東、新豐、寶山、新埔、芎林、北埔、峨嵋等新竹地區民生飲用水外，主要也以

---

[14]　「水利署澄清絕無編列美濃水庫工程預算或研提興建計畫」，經濟部水利署澄清新聞稿，2011 年 5 月 5 日。

解決新竹科學工業園區之用水需求。1990 年為新竹地區永續用水需求，台灣省水利局（先改制為水利處，現改制為經濟部水利署）受經濟部水資源統一規畫委員會委託，繼寶山水庫後繼續辦理「新竹縣寶山第二水庫規劃」計畫，經新竹地區可行性較高之兩個區域各項興建條件加以評估後，選定現今之寶山第二水庫壩址為優選方案，並經奉行政院核定列入六年國建計畫，1993 年起分二年辦理可行性規劃工作。

1994 年寶山第二水庫完成可行性規劃，同年並針對受計畫影響範圍四鄉鎮進行民意調查工作，當時接受調查的一百五十份問卷裡有百分之五十三擔心環境景觀破壞[15]，1994 年 7 月水利局於新竹寶山鄉舉行計畫說明會，會中地方人士所提意見，作為檢討及修正寶山第二水庫計畫參考。

1995 年 1 月提出「新竹縣寶山第二水庫工程計畫書」，本計畫因工程規模甚大，故由經濟部水利署與臺灣省自來水公司及新竹縣政府共同興建。1996 年 9 月由省政府報經行政院以台（八五）經三零七一八號核定實施，至 2006 年 6 月正式完工，總工程費新臺幣 105 億元。

（二）參與者互動過程

1.機構部分

寶山第二水庫由台灣省水利局規劃，1997 年改制為台灣省政府水利處，與水利（局）處互動之政府機關為寶山第二水庫所在地的新竹縣政府，新竹縣長不論是前任縣長范振宗或是

---

[15]　參見台灣省水利局，「寶山第二水庫環境說明書」，1993 年 6 月，頁 4-57。

1997 年底當選之現任縣長林光華，一直是傾向反對態度，由
於水庫計畫進行在相關業務諸如土地公告、土地徵收及補償金
發放等涉及新竹縣政府暨其所屬之鄉鎮公所、地政事務所，以
及地政科等單位，均須新竹縣政府配合始能進行，故新竹縣政
府堅持中央必須達硬所提相關配合要求，最後在中央同意所提
後不再堅持反對立場。

2.民間及團體部分

寶山第二水庫興建過程僅「台灣綠色和平組織」關注，該
組織成立於 1989 年 1 月 13 日。由於大埔水庫定位為「重要水
庫」，依相關規定劃為重要水庫之集水區居民無法從事興建等
開發行為，一直受到該組織的關切，定位問題亦影響寶山第二
水庫計畫之順利性，若寶山第二水庫依計畫興建，管制範圍勢
必增加，影響轄區發展甚大，自然造成另股反對興建聲浪。營
建署針對水庫定位問題雖六度召集會議研商，卻遭致農業（該
水庫主管機關）機關維持原重要水庫定位之意見，台灣綠色和
平組織亦質疑營建署專業立場[16]。

寶山第二水庫為 1996 年 9 月由行政院核定，在核定前除
先於 1993 年 6 月完成「環境說明書」，並於次年 7 月 2 日於寶
山鄉召開一次較具代表性之「地方說明會」，期與地方意見領
袖及民眾溝通。此次說明會由當時水利局總工程司吳憲雄主持，
地點在寶山鄉寶山國小禮堂，出席民意代表計有立法委員林光
華、高天來、吳東昇（由助理代表出席）、國大代表吳俊岸、
新竹縣議員范玉嬝，地方首長則有寶山鄉長李文榜、北埔鄉長

---

[16] 　參見水資源局「寶山第二水庫興建協助地方事宜會議紀錄」，1998 年 1 月。

陳正順及台灣電力公司代表、新竹農田水利會代表及地方人士等多人參加,當時新竹縣長未見出席。

　　說明會中各代表發言重點主要在「土地補償」、「居住環境」、「自然與生態環境」、「集水區限制問題」及「原寶山水庫興建遺留問題」等方面,過程中以立法委員林光華(後為新竹縣長)對寶山第二水庫興建不同意見較為堅持[17]。次年 4 月 22 日於北埔鄉一舉辦相同性質說明會,惟當時說明會場面較火爆,原因為北埔居民對當時蓋寶山水庫時無會饋辦法一直無法諒解,且二個水庫都在寶山,寶山鄉卻仍有三個村無自來水,令人難以接受[18]。其後新竹縣長由反對該計畫甚力的民進黨立法委員林光華當選,中央在溝通上又須重新啟動,水資源局在林縣長上任後即加速與新竹縣政府溝通。由於寶山第二水庫為解決飲用水及新竹科學園區所需,屬於國家十二項計畫之一,加以主管機關就「回饋措施」及「水庫定位」二項問題努力進行,即便當時尚未實質解決,寶二水庫興建計畫仍將執行已為反對者所共識[19]。

第三節　台灣水庫興建之政策執行檢視

　　依前述不同時期水庫興建執行情形,蓋分類為政策執行依計畫完成之水庫、政策執行未依計畫完成及政策執行須調整計畫始可完成等三種類型。

---

[17] 參見新竹縣寶山第二水庫計畫地方說明會會議記錄,1994 年 7 月 2 日
[18] 參見立法院公報八十四卷二十六期委員會議紀錄,1995 年 4 月。
[19] 第二次期中簡報暨中央(及省)部門協調會記錄 1999 年 2 月 25。

一、政策執行依計畫完成

分從政策內容影響、政策系絡環境及執行系落互動影響等三部分檢視。

（一）政策內容影響檢視

以篩選之執行變項檢視如下：

1.政策衍生的利益衝突

翡翠水庫興建在政策分類上既非屬效益或成本分配妥當，以滿足各方要求之分配性政策，亦非重新調整利益的重分配性政策及政府選擇競爭優勢之競爭計畫型政策，而應屬於 Lowi 與 Frank 及 Riply 所分類之管制性政策。

翡翠水庫計畫受影響之利益影響者，因該計畫之實施而必須被迫以「補助金」方式徵收補償及遷移，除淹沒區居民受影響外，集水區居民住居亦受管制，以維護水源區集水功能。

以 Willian Dunn 所分析之結構面向衍生之利益衝突程度來看，翡翠水庫計畫為「結構性優良」問題，因其僅涉及一個或少數決策者（台北市長），在戒嚴時期翡翠水庫應非如「結構適中」問題般每個方案執行結果都無法在確定情況下計算獲得，亦非如「結構不良」問題般涉及許多決策者，以及方案執行結果、風險不確定性等均無法估計，由於技術的解決，加上戒嚴環境因素，翡翠水庫興建計畫都是在確定情況或低風險下可估算出執行結果。

2.標的團體行為須調適程度

翡翠水庫興建期因處戒嚴後期，政治環境已不同於以往，社會漸趨多元，居民被迫遷移產生之包括心理面的難以調適、

物質面的補償金額落差及政府處理態度等蓄積之不滿，在政策執行難度上已見端倪，根據 Van Meter 及 Van Horn 看法，導致標的團體行為重大改變的政策將比小幅度改變的政策難以執行。

3.理論可行性與技術有效性

建水庫是否可解決用水問題，其政策問題與政策方案間因果關係是否成立，在翡翠水庫興建期已遭致包括民意代表、利益影響者及傳播媒體脂質疑，於是由中華雜誌社舉辦之學術座談會裡，學院式的專業（academic professions）對國家式專業（professions of the state）所提建壩之理論可行性與技術有效性提出不同看法，當時反對階層與人數雖多，但在蔣經國先生以總統高度講出「相信專家」（國家式專業）確定支持原有興建決策後，各種看似潛藏衝突的爭論隨即消弭。

4.溝通有效性

翡翠水庫計畫執行過程中，為了徵收補償問題，肩負執行者角色的翡建會多次邀集相關單位及民意代表，與利益影響者-居民，溝通協調，溝通結果有成功也有失敗，若仔細分析原因可發現居民背景多為榮民，翡建會及相關單位在言詞溝通效果上，對居民而言，除符合「可理解性」外，溝通論辯的「真實性」與「真誠性」顯然不夠，此表現於居民多次對補償金額落差不滿之陳情抗議事件中，也因此使施工進度險因大壩用地徵收延誤而受到影響。

5.政策內容明確性

翡翠水庫則為單一目標供水效益，期能解決大台北地區飲用水問題，當時國人已具建壩技術，台北市政府為甲方，全權

委託乙方的台灣電力公司負責，台電交由中興工程負責大壩設計，主體工程則交由榮工處興建，於預定八年時限內完成。由於目標具體，執行者依循政策指令執行，並逐一克服技術上之限制，符合 Deep 所言政策目標所需之具體、可指出期望成果、切合實際、在執行人員權限內、及有完成期限等原則。

（二）政策系絡環境檢視

以政治文化、政治體制、公眾支持、利益團體的支持及標的團體順服機能等檢視如下：

1.政治文化

翡翠水庫計畫核定時，根據 Almond 與 Verba 政治文化的分類，應屬「臣屬性政治文化」。依西方學者對台灣政治文化所做研究顯示，不論菁英份子或一般大眾，其心理取向在一九八零年代以前都具權威體系的政治文化基礎。

2.政治體制

翡翠水庫計畫自 1978 年定案，1979 年 6 月至 1987 年 6 月歷時八年完成，此時期正值台灣地區戒嚴時期，一般以威權主義體制指稱當時國家體制性質，其類型不似「開放型」般可由各方團體彼此互動的透過法定程序解決公共問題，政策過程無法透明化，各方團體表達管道仍有所限制。翡翠水庫計畫則因在執行階段仍可由民眾表達意見，可歸類為「中間型」國家，其關鍵點為 1975 年底之中央民意代表-立法委員增額改選，由於當時候選人言論尺度未受規範，間接影響民眾爾後對政策言論表達態度。

3.公眾支持

一般民眾對公共政策態度較傾向漠不關心，除非翡翠等計畫實施後有受影響之民眾，否則對水庫興建不會有其他意見，尤其在當時環保意識不高的環境裡，更顯一般民眾對公共政策的冷漠。翡翠水庫計畫進行時，政府運用媒體宣導製造「公意」，就如同 Key 所言「公益」為政府所常設法製造。當時政府為政策推行順利，運用媒體作為政策宣導工具，以「導引民意」取代「跟隨民意」形成「共識」後順應實施，民意代表此時角色只有跟隨決策者與執行者腳步擁護政策，此種情形無可避免地使民意機關成為行政機關的「橡皮圖章」。

4.利益團體的支持

台灣社會在解嚴前原有之利益團體，其功能明顯受到戒嚴環境影響而無法發揮，文獻上記載最早登記成立的環保團體，時間為 1948 年，而與水庫興建相關的水土保持團體亦於 1967 年成立[20]，時間均較翡翠計畫為早，但該類團體對水庫興建態度在當時並未顯現，利益團體存在於當時並未能發揮應有之功能，在戒嚴體制裡亦無法如 Dye 所言利益團體在公共政策制定過程中，能成為一個重要環境因素。

5.標的團體順服機能

翡翠水庫計畫執行期，政治社會化的穩固效果漸起鬆動，民眾考量因素不再以配合政府政策為優先，改以爭取應有權益為主，居民對補償金的堅持，即是基於自身權益的考慮，考量順服政策接受補償條件後之利益大於不順服政策時，居民就會選擇順從行為，反之則演變為陳情抗議事件，雖屬戒嚴體制，

---

[20]　參見台灣省曾文水庫建設委員會，曾文水庫建設誌上冊，1974：2-11。

但因情勢變遷，使標的團體對翡翠水庫計畫政策的順從性不高。

（三）執行系絡互動影響

水庫興建政策執行系絡之互動影響如下：

1.決策者與執行者

翡翠水庫為政府重大計畫，由中央經建會督考進行，雖由台北市長決策及執行，但最後定紛止爭的決策者，為當時最高領導者-總統的最終宣示支持計畫，始得化解反對翡翠水庫計畫爭議，由於獲得最高領導者全力支持，執行者有良好資源順利執行水庫興建計畫。

2.決策者與利益影響者

由於翡翠水庫興建環境尚處戒嚴時期，利益影響者種類只有居民及一般民眾，也由於戒嚴體制，居民及一般民眾聲音較難影響決策，即使居民長期陳情，甚而已引起輿論正反意見論戰，卻仍無法影響決策者思維，處於戒嚴環境，最高當局就是最後決策。

3.決策者與民意代表

我國中央民意代表改選為 1975 年 12 月 31 日，當時改選了 37 位增額立委，已有所謂「黨外」人士參選，候選人言論是採取放任態度（戴震，1976），政府體制雖未解嚴，但言論明顯較前開放，此從中央至地方民意代表對翡翠水庫計畫表達意見時的反對態度亦可看出，惟亦僅止於此，決策者或知曉民意代表意見，惟決策者最後並未以民意為主，而是取決於專家意見，此時期前之民意代表在水庫興建政策影響力更是難與決

策者產生互動。

4.決策者與大眾傳播媒體

　　政府在戒嚴時期對報章雜誌等媒體報導內容採取事先審查制度，報紙家數有限，除有「報禁」措施，內容上亦不得違反國家政策，雜誌部分每期內容若不符政策則有遭查禁之風險，電視均為國家甚而黨國公器，此種環境下媒體多淪為政策宣導及支持者，翡翠水庫興建政策確定前，「中華雜誌社」及雜誌協會的反對立場雖提供了社會不同意見及抒發情緒之管道，但卻無法導引決策者，在決策者最終確定興建政策後也只有轉而為支持決策者立場。

5.執行者與利益影響者

　　在涉及與居民的互動裡，翡建會與居民之互動情形不佳，翡翠水庫淹沒區內居民徵收補償問題則與翡建會常生衝突，雙方在互信程度不足情形下難以溝通，執行機關與居民糾紛不斷。

6.執行者與民意代表

　　民意機構負有審查行政機關預算權責，然而在戒嚴時期卻常被譏為行政機關之「橡皮圖章」，民意代表監督行政功能受到影響，此狀況在翡翠水庫興建期已有變化，由於陳情事件不斷，自中央層級的立法委員、監察委員、國大代表，至地方之台北市、縣議員，均接到陳情書而與執行機關翡建會有互動，翡建會在處理集水區內之濫墾、濫建及淹沒區內之徵收補償案件時，亦有邀請上述各級民意機關共同參與，惟翡翠水庫主要工程預算不論是總工程費原來之55億元或修正後之124億元，雖均提市議會審查通過，然在預算審查之實際互動不多，僅具

通過預算之形式意義。

　　7.執行者與大眾傳播媒體

　　翡翠水庫興建時，媒體角色功能主要以宣導政令為主，執行者在推動水庫興建時不需顧慮與媒體關係，且因環境因素，媒體較難取得報導資訊，雙方互動情形較少，雖在翡翠水庫興建時期亦有反對聲音之報導，但無法以媒體應有角色督促執行。

二、政策執行未依計畫完成

　　分從政策內容影響、政策系絡環境及其執行系絡互動影響等檢視。

（一）政策內容影響檢視

　　依篩選之執行變項檢視如下：

　　1.政策衍生的利益衝突

　　美濃水庫政策類型分類應為管制性政策，美濃水庫在完成後，政府為保育水資源，勢將依水庫興建往例針對水源保育管理區分水源保護區與水源特定區二種，以便民眾在使用區內土地行為時，進行分區的土地利用管制，其適用法規多且管制性政策不易解除管制，地方政府多不願所轄範圍因受到管制而影響地方發展，增加了該項政策執行變數。

　　美濃水庫興建政策所衍生利益衝突程度依其結構區分，應為結構性不良問題，因其無法排出替代方案，由於美濃鎮外民意對該項政策並未顯現，美濃民眾對水庫興建看法則成為政府執行該計畫指標，美濃鎮民雖有正反兩種意見，但多數鎮民持

反對態度，包括環保、人文及安全性，加以水源地限建及動工可能引發之衝突等諸多因素，均增加美濃水庫興建風險與不確定性，其所衍生的利益衝突，凸顯了該項政策的結構不良問題。

2.標的團體行為須調適程度

美濃水庫計畫依 J.Nixon 對政策變遷型態分類，可列為創新性政策，創新性政策改變標的團體幅度較大，美濃人引以為傲的「美濃客家文化」及「黃蝶翠谷」生態以及「森林劇場」等均將因水庫興建而受遷移或消失影響，固定已久的團體行為模式受到相當程度變化。Baumagartner 與 Jones 提出另一政策變遷模型（a Single modle of policy process）來解釋政策變遷，依其提出之理念「不同支持者對同一政策有不同政策形象，政策形象常是經驗資訊與情感訴求之混合物，對政策形象評價之變遷影響到大眾傳媒由正至負的評價，反對者將有機會攻擊目前政策安排，而政策形成和議場結合會使政策產生快速變遷。」觀之，美濃水庫計畫由於涉及重要生態、人文保存等問題，是以反對與贊成兩方就有不同政策形象，當大眾傳媒出現質疑時，使反對一方可利用輿論支持機會攻擊美濃水庫計畫決策不當，並結合立法院議場於 1994 年度起連續三個年度預算無法過關，已使政策產生變遷。

3.理論可行性與技術有效性

美濃水庫計畫，決策者與執行者分別依據壩工、地質、生態等專家學者意見提出無安全及環境生態之顧慮，反對美濃水庫計畫團體亦經由不同專家學者提出不同看法，使該計畫之理論可行性及技術有效性評價不一受到挑戰。政府所聘請的專家

學者依 Brante 分類應屬「國家式專業」，而反水庫團體邀請之專家學者則為「學院式專業」，政府與反水庫團體不同類型階級的潛在衝突，最明顯表現在公共政策的權力與社會資源爭奪上。

4.溝通有效性

美濃水庫與寶山第二水庫計畫溝通過程而言，水資源局與省水利處採取之溝通言詞，由於能使聽者了解，符合「可理解姓」。至於美濃水庫計畫溝通過程是否具備「真實性」、「真誠性」及「正當性」似可探討，由於雙方對美濃水庫安全、環境影響評估、人文資源等認知落差極大，反美濃水庫民眾對水資源局發言命題的「真實性」存疑，數次陳情請願未獲善意互動，執行的水資源局長立場前後不一，對水資源局「真誠性」亦打了折扣，為建水庫而犧牲美濃人的「正當性」更是不足，於是美濃水庫計畫不被美濃人接受。

5.政策內容明確性

由 Deep 所提出五項原則觀之，美濃水庫不論計畫需求、壩高、蓄水量、經費、興建時間等「目標具體可衡量」，亦有「完成期限」。經濟部水資源局為中央水資源開發主管機關，該計畫屬「執行人員權責」，美濃水庫計畫完成後每日供水量一百一十一萬噸，滿足大高雄地區 2021 年自來水需求，該水庫計畫目標指出「期望成果」。

較為爭議者為「目標需切合實際且為可獲致」項目，美濃水庫壩址規畫時即知附近有斷層，此為引起安全爭議因素，而國內環保意識在進入 1990 年代更為高漲，因美濃水庫興建受影響之黃蝶翠谷勢必成為保育人士反對焦點。

（二）政策系絡環境檢視

依政治文化等五項政策系絡環境檢視如下：

1.政治文化

而另根據 Almond 分析，所有政治體制的政治文化都屬混和性質，只是主要成分不同而已。美濃水庫規劃時間雖早在戒嚴時期，但核定時間為解嚴後五年，政治文化依學者看法已走向民主政治文化，則政治文化分類上應為「參與性政治文化」，然不容否認決策者在決策的政治文化主要成分仍偏向「臣屬性政治文化」。

2.政治體制

美濃水庫計畫核定於 1992 年 11 月，由於政策制定過程並未透明，相關利害關係人於政策制定初期並未參與，直至執行階段始賦予美濃民眾表達意見之管道，由於參與者投入於執行階段，政治體制尚未達「開放型」，仍屬 Cleaves 觀點的「中間型」階段。

3.公眾支持

美濃水庫計畫執行時即有當地二個反水庫團體一再質疑水資源局製造美濃民眾贊同之假民意，由於政策制定時民眾並未有參與管道，使美濃民眾於輸入面投入過少，認為本身意見未受尊重，致使美濃水庫計畫無法獲得支持而遭遇阻礙。

4.利益團體的支持

美濃水庫計畫則與翡翠水庫計畫呈現不同局面，美濃水庫計畫受到當地反水庫團體強烈反對，雖亦有「發展協會」團體支持水庫興建聲音，但美濃民眾多受到「美濃愛鄉協進會」影

響，由最初冷漠態度轉為積極反對，其後成立之「反水庫大聯盟」反水庫態度更為激烈，在美濃反水庫團體介入下，美濃水庫政策受到影響。

5.標的團體順服機能

美濃水庫與寶山第二水庫計畫，標的團體應為美濃鎮民及寶山鄉民，由於美濃水庫計畫審議階段未經充分溝通辯論，「政策合法化」實質程序受到質疑，對美濃民眾言，不順服政策能使家園依舊，較符合「成本利益考量」，在解除戒嚴的大環境改變下，民眾對政策接受性的逆來順受已「情勢變遷」，美濃客家族群長久支持政府的情形在美濃水庫計畫中完全改變。

（三）執行系絡互動影響

執行系絡互動影響部分包括：

1.決策者與執行者

美濃水庫計畫過程中，決策者為「行政院」，執行者為「水資源局（前身水資會）」，1981 年起開始就高屏溪流域座水庫規劃研究，至1992年11月鳳行政院核定實施美濃水庫計畫止，主管水資源開發之水資會提出高屏地區應開發新水源之建議，行政院據此作出執行美濃水庫計畫之決議。

1998 年 4 月以前，計畫推動停滯不前，主客觀環境不利工作進行，使執行者士氣受到挫折，決策者-行政院對美濃水庫興建態度在 4 月轉趨明確，無疑鼓舞水資源局，在決策者傾力支援下，於 1995 年 5 月 29 日立法院會期中通過美濃水庫先期計畫預算。興建決策固然有賴水資源局執行始能落實，然而在政策執行過程中，水資源局亦須依據行政院明確指示，使執

行過程不致偏差。

2.決策者與利益影響者

美濃水庫計畫中，利益影響者為地方環保團體「美濃愛鄉協進會」及「反水庫大聯盟」二個民間組織，不論反對水庫興建論述是從環境生態、人文亦或安全等角度，其宗旨均為保護美濃家園，不讓水庫興建破壞美濃既有優美環境。

決策者與利益影響者雙方互動中，美濃水庫計畫核定前未先與美濃鎮民溝通，是影響雙方主要因素之一，對美濃反水庫環保團體來說，行政院於計畫核定後始溝通，環保團體無法接受，對行政院研，計畫核定再進行溝通為政府推動水庫興建方式，且計畫核定後政府仍可就民眾意見做適當修正，雙方對決策認知明顯落差，互信基礎自然不足。

與行政院互動過程裡，反水庫團體仍希望行政院能改變美濃水庫計畫，方式上透過文書陳情，字愛鄉協進會於 1993 年 1 月成立後即多次以陳情書上達行政院，面對面互動則僅 1998 年 4 月 19 日行政院蕭萬長院長視察高屏溪攔河堰工程時，愛鄉協進會由鍾鐵民理事長面陳反水庫興建意見。

3.決策者與民意代表

民主國家政策制定須經由行政機關交由立法機關審議，美濃水庫計畫雖於 1992 年 11 月由行政院核定，但執行該計畫所需之預算仍須經立法院審議，1994 年起連續三個年度美濃水庫計畫預算均未通過，即是立法院不支持該計畫預算使計畫無法推動之明證。雖如此，然行政院仍擁有「資源」，包括運用「黨紀」、「遊說」等方式，1998 年執政黨立委選舉過半，1999 年 5 月 29 日立法院即通過美濃水庫計畫先期預算，連一向反

對美濃水庫興建甚力的高雄縣及國民黨立委蕭金蘭，亦未按下反對按鈕，可見黨紀與遊說之功效。立法院表決時在野的民進黨及新黨全數反對，行政院為免重大政策遭在野黨立委聯手推翻，全力督陣。

國大代表及地方民意代表如美濃鎮代、高雄縣議員及台灣省議員等所表達反對興建意見對決策者-行政院而言，影響力不如立法委員可藉審行政院預算達到監督效果，是以所提意見僅供行政院參考。

4.決策者與大眾傳播媒體

美濃水庫計畫於 1992 年 11 月由行政院正式核定，但在同年五月即由媒體先行披露，媒體此一報導引起美濃民眾對行政院反感，姑且不論計畫核定前透漏媒體用意，未見功效卻見負面效果下，此次互動對行政院與媒體雙方而言應非正面。1998 年 4 月美體報導行政院長「美濃水庫一年內動工」，又引發美濃民眾不滿，行政院長在國會接受質詢解釋未有此種說法，則媒體不是誤解其意就是斷章取義報導，該報導亦引發蕭院長被攔路陳情之不必要困擾。由於媒體本身無遠弗屆的報導功能，行政院仍與各媒體保持良好互動關係，就媒體言，行政院對計畫一言一行均有政策持續、修正或更改之政策持續效果，自有其新聞價值，兩者呈現「若即若離」微妙關係。

5.執行者與利益影響者

美濃水庫計畫核定至次年五月始召開說明會，美濃鎮民認為無溝通誠意，使水資源局與美濃民眾互動關係受限，期間水資源局雖以參觀國內重要水庫方式，期使美濃民眾對水庫有正面認識，惟反對者仍然反對，效果有限。

6.執行者與民意代表

由於美濃水庫計畫預算，水資源局常與立法委員交換意見，或參與立委舉行之公聽會，除政策說明外，也有與立委持續保持互動狀態之作用，二零零零年總預算審查美濃水庫計畫，時間從五月二十八日上午十一時至晚上八時四十三分，水資源局人員在長時間的表決現場穿梭，經過五次表決，最後以 94 票對 90 票預算過關，關鍵幾票在最後關頭穩下，不得不承認水資源局平時與部分立委保持良好互動關係，以在會場上發揮效果。

7.執行者與大眾傳播媒體

水資源局在美濃水庫計畫與美濃鎮民溝通媒介，大眾傳媒為最具影響力工具，水資源局將美濃大壩設計安全無虞、移植黃蝶食物鐵刀木及水庫完成後對美濃帶來立即繁榮遠景等，均透過媒體向美濃鎮民傳達，尤其與美濃鎮民面對面溝通受挫後，靠媒體傳達訊息更形重要，故而如何與媒體維持良好互動關係，亦列為水資源局溝通計畫一環。自計畫核定後，雙方互動關係可以「持平」二字形容，新聞取捨上，絕大多數媒體已從解嚴前的「配合政策」觀點，改為「專業」觀點衡量。原訂 1998 年 6 月 27 日由民視籌備舉辦之說明會，水資源局於前一晚臨時取消參加，由於民視已籌辦月餘，自是對水資源局不諒解，雙方互動關係產生不好影響，民視在新聞報導上自是對水資源局提出質疑，造成其他大眾傳媒第二天對水資源局的負面報導，減弱了水資源局與美濃鎮民的溝通效果。

三、政策執行須調整計畫始可完成

此部分包括大埔及寶山第二水庫等之水庫興建。

（一）政策內容影響檢視

依篩選之政策內容變項檢視如下：

1.政策衍生的利益衝突

「大埔水庫」在定位為重要水庫後即難更改解除限建管制，可印證寶山第二水庫興建完成後，將受相當限制，依前述政策類型分析應為管制性政策，由於回饋問題涉及繁複之水利法修正，「大埔水庫定位」亦涉及水源地限建等影響政策執行結果之風險性及不確定問題，依 Dunn 對政策結構面向看法，亦屬結構性不良問題。

2.標的團體行為須調適程度

寶山第二水庫計畫影響鄉民較大為「限建」問題，限建問題與當地民眾之經濟建設及生活作息息息相關，新竹縣政府要求中央檢討大埔水庫定位，若限建問題因水庫定位而解決，則寶山鄉民行為因水庫興建所需調適程度將變小，同意配合中央水庫興建計畫的意願則增加。

3.理論可行性與技術有效性

寶山第二水庫計畫地址位於新竹縣寶山鄉，水庫蓄水面積不小，一個鄉擁有兩個水庫確屬少見，亦提供了反對的訴求點，然而在理論與技術專業領域裡，未獲得足夠的學院式專業的支持，社會團體僅台灣綠色和平組織關注，在政策論證上與資源充沛的國家式專業相比明顯不足。

4.溝通有效性

　　寶山第二水庫計畫癥結在「大埔水庫定位」及「回饋」二項問題，此二項問題可看出犧牲地方發展及鄉民權益作法，欠缺 Habermas 所提之「正當性」訴求，執行者進行溝通的過程，為顧及溝通開放性及公正性，在選擇團體、人員參與時要注意能真正表現每一代表觀點，亦即 Fishkin 所提的「政治平等」及「非專制化」二項原則，新竹立委林光華未接到寶山第二水庫說明會開會通知，執行者在溝通開放性和公正性上就未注意「政治平等」之問題。

　　5.政策內容明確性

　　寶山第二水庫計畫若從 Deep 的五項原則觀之，在計畫需求緣由、壩高、蓄水量、經費、興建時間等亦屬「目標具體可衡量」且有「完成期限」。台灣省水利處為地方的水資源開發主管機關，該計畫自屬該機關「執行人員權責」，寶山第二水庫每日提供供水量二十萬噸，滿足新竹地區之公共給水及工業用水，該水庫計畫目標亦指出「期望成果」。

　　寶山第二水庫興建造成地方限建範圍增加，寶山鄉將有二座水庫存在，對地方發展及鄉民生活所產生衝擊應為可預見問題，從執行該二計畫過程不順暢觀之，不符 Deep 所提之原則。

（二）政策系絡環境檢視

　　依政治文化等五項政策系絡環境視如下：

　　1.政治文化

　　寶山第二水庫計畫為解嚴後九年時間，依學者看法已走向民主政治文化，應分類為「參與性政治文化」，然依 Almond 分析，政治體制的政治文化性質不會僅屬於單一成分，每個政

治體制表現出的成分不同，都屬混和性質。寶山第二水庫決策者在決策的政治文化主要成分仍偏向「臣屬性政治文化」。

2.政治體制

寶山第二水庫計畫核定於 1996 年 9 月，從過程可知，由於反對計畫甚力的立委當選新竹縣長後，中央溝通上又重新啟動，加速與新竹縣府溝通工作，最後也由於中央在「回饋措施」及「水庫定位」二項問題上展現誠意，使反對者對寶山第二水庫計畫興建能形成共識，政治體制已漸達「開放型」階段。

3.公眾支持

寶山第二水庫畫執行時亦出現「不通知反對水庫興建的立委出席說明會，呈現無人反對假象」之質疑，一度使反對者對政府執行的不信任。惟相較其他水庫計畫，由於政策制定時民眾本身意見業受尊重，政策適時調整，使寶山第二水庫計畫執行最後未再遇阻礙。

4.利益團體的支持

寶山第二水庫計畫僅有「台灣綠色和平組織」一個團體表達反對意見，由於勢單力薄，表達訴求的方式又多為靜態，亦較為柔和，實質效果有限。由於無法引起相關團體支援，該團體在計畫執行的反對角色上亦較難發揮，

5.標的團體順服機能

標的團體在寶山第二水庫計畫，考慮的是「成本利益考量」，大埔水庫定位及回饋問題未解決前，不順從政策較符合團體利益，此計畫執行亦受「情勢變遷」影響，在反對寶山第二水庫計畫甚力的林光華選上新竹縣長後，標的團體轉為有利地位，政府不得不重新正視標的團體訴求。

（三）執行系絡互動影響

執行系絡互動影響如下：

1.決策者與執行者

寶山第二水庫計畫中，決策者仍為行政院，執行者則為「水資源局」與「省水利處」，由於執行過程，新竹縣府堅持中央須配合條件，諸如大埔水庫定位及回饋辦法等問題，因涉及面較廣，非省水利處或水資源局所能解決。

與美濃水庫興建計畫比較，寶山第二水庫興建重要性優先順序不如前者，加以美濃水庫計畫雖早於 1992 年 11 月即核定，但因溝通受阻直到寶山第二水庫計畫於 1996 年 9 月核定止，美濃水庫預算仍無進展，是以二座水庫興建計畫同時由執行者-水資源局推動，在人力、時間均有限下，寶山第二水庫在關鍵性問題上即無突破性進度，決策者在觸裡水庫優先順序上亦復如此，此從水資源局所擬「水利法部分修正草案」未獲立法院支持通過即可看出，決策者與執行者在推動寶山第二水庫計畫之互動上，其關係似不如推動美濃水庫計畫來得密切。

2.決策者與利益影響者

寶山第二水庫興建計畫中「利益影響者」認定較有爭議者為「新竹縣政府」，地方政府應為執行者角色，因其配合水庫計畫須執行土地徵收等實際行政作業，或最起碼為協助中央執行者之協助角色，然觀諸新竹縣政府全程作為，似更傾向「利益影響者」之角色，除此「台灣綠色和平組織」及寶山鄉民均為「利益影響者」。

台灣綠色和平組織以環境生態為其關注重點，寶山鄉民則

關心鄉里建設受影響程度及土地收購價值，新竹縣政府主政者在立委任內雖也曾以環境生態做為反對主軸，但在上任縣長後改以對寶山鄉民較為關心之「回饋」及「解除大埔水庫限建」等實際利益問題為主，也使得綠色和平組織對林縣長前後不一態度頗有微詞，二者顯現之利益雖有不同，但對決策者-行政院不夠重視鄉民看法則如一，普遍質疑行政院一昧將寶山鄉轄區內規劃有二座水庫，卻全然不顧慮鄉內未來發展將受限之事實。

3.決策者與民意代表

寶山第二水庫計畫關心之地方民代如寶山鄉代、新竹縣議員、台灣省議員，以及中央民代立法委員與國大代表等，均透過計畫說明會將意見轉陳中央，由於寶山第二水庫計畫預定蓄水量及所需經費規模遠較美濃水庫為小，急迫性不若美濃水庫，參與民代意見只在諸如解決「大崎、三峰等二村自來水」技術面問題較易獲得解決外，餘地方要求回饋、大埔水庫未來定位及存廢、頭前溪整治等較難影響決策者。寶山第二水庫計畫未引起多數立委注意，僅新竹地區選出之民進黨籍柯建銘與林光華等二位關注，態度較為強烈者更僅林光華一人，在未有多數立委關注下，此議題在行政院眾多議題裡始終無法凸顯。

4.決策者與大眾傳播媒體

寶山第二水庫計畫僅有地方媒體報導，其受媒體關注程度不似美濃水庫，此種情形自與行政院態度有關，為使預算通過，行政院動員所有資源遊說立法委員，行政院高度重視下使媒體亦大量報導，反觀寶山第二水庫計畫，為完成計畫須修正之「水利法」，以使居民得到回饋之法源依據，卻在最初修正時未通

過，媒體對行政院重視程度及其優先順序自可研判，雙方在此
情形下極少互動。

5.執行者與利益影響者

寶山第二水庫計畫，環保團體「台灣綠色組織」關注方式
較為柔和，有需了解事項亦會主動與省水利處或相關單為連繫，
雙方互動並未產生不快。該計畫反對最力者為立委轉戰新竹縣
長的林光華，由於掌握地方行政權，與水資源局之互動處於主
動有利地位，惟角色轉換後，原立委任內之反對立場，在成為
縣長後轉為有條件配合，前後態度轉變除有利縣政亦有利寶山
鄉民。

6.執行者與民意代表

寶山第二水庫計畫裡，水資源局與立委的互動，主要仍以
反對興建計畫的林光華為主，由於林光華反對立場鮮明，曾發
生省水利局舉行之說明會林未接到開會通知之情形，林認為水
利局有故作「無意見紀錄」上陳行政院用意，水利局則表示開
會通知都有發出，雙方互動暴露互信不足缺失。

7.執行者與大眾傳播媒體

寶山第二水庫計畫由中央水利主管機關委託地方水利主
管機關辦理，由於利益影響者人數規模與美濃水庫計畫不同，
傳達水庫計畫訊息已說明會或面對面進行溝通即可，加以林光
華縣長上任後又成為水利處主要協調對象，受委託之水利處並
未刻意與媒體互動，水資源局則以中央主管水利業務立場針對
涉及各機關業務出面協調，與媒體互動採取「不主動、不迴避」
態度。

第四節　研究發現與建議

　　2015 年初台灣又面臨缺水窘境，若持續經濟成長仍是我們追求的目標，則政府應有積極作為，重新正視已成常態的缺水問題，從前面三個水庫興建模式的探討，我們有以下發現，並提出研究建議如下：

一、研究發現

　　（一）環境因素：台灣在解除戒嚴前，社會無法呈現多元，翡翠水庫與美濃、寶山第二水庫興建環境畢竟不同，雖有不同聲音顯現，但由於仍屬戒嚴時期，國家領導人權威仍是決定政策主因，社會呈現的不同聲音僅作參考，國家領導人在最後關頭仍是翡翠水庫興建的最後決定者。

　　（二）環保團體力量：對水庫興建有意見的團體，其人數與擁有或動員資源的能力若為強大，對政府政策會產生一定影響力，美濃反水庫團體除能動員美濃反水庫民眾外，亦結合海外的美濃鄉親，無論經費挹注或是建壩資訊，都能適時提供，使政府的美濃水庫政策起了變化，反之寶山第二水庫興建時期雖與美濃同屬解嚴後，但寶山第二水庫即無強大的環保團體做為反對後盾。

　　（三）重大政策制訂前是否尊重民意：政策推動廣徵民意主要在於實施的正當性，政府為推動政策當然可以集所有資源「導引民意」，但最後決策的依據還是在於「民意」走向，美濃水庫的案例可作為警惕，在美濃人眾多抗爭理由中，「不尊重」美濃人，也是激烈反對主因之一，確定興建後再讓美濃民

眾配合，增加了政策論證的困難度，爾後政府在推動水資源開發甚而其他政策上，應於得到「民意」支持後再做政策宣布，較為妥適。

二、研究建議

以開源及節流二面項建議如下：

（一）開源部分

1.興建小型水庫

由於環保意識高漲，興建動輒上億噸的大型水庫已非常困難，為解決民生與工業用水，小型水庫環保生態影響範圍較小，不須排除在政策的選項之外，以台灣地形仍可尋找出合適地點，並可依地形需求興建蓄水量一千萬至五千萬噸的小型水庫，以解決用水需求。

2.水庫下游興建儲水空間

台灣雨量降雨期程不均，哪個季節暴雨或不下雨已無法常態衡量，雨量多時水庫容量無法完全容納，例如石門水庫，一個颱風甚而豪雨即可能無法容納全部的雨量，若能在石門水庫附近尋覓地點興建儲水槽，當可將平常溢流之庫水攔截於乾旱時應用，再以翡翠水庫而言，豐水期時為有效利用水資源，供應下游用水會伴隨發電同時進行，兼能挹注財源，若下游清潭、直潭二壩不缺水時，這些發電尾水自然隨下游攔水壩溢出，溢出的水一年下來相當可觀，此時若能於附近覓尋儲水空間，經由管線將溢出的水輸送，平時儲存，遇乾旱時則可作為調度運用，不失為解決乾旱缺水時之方式。

3.新生水的開拓

新加坡為水資源缺乏國家，由於土地面積狹小，要建水庫根本無地可建，以往向國外買水解決，條件比起台灣差了很多，但是新加坡現已無缺水問題，關鍵就在於運用高科技發展新生水，自 2000 年起，新加坡啟動活水工程計畫，所謂活水工程就是將汙水全面回收，以科技轉換出可飲用的新生水，解決了新加坡缺水國的用水問題，我們國家可做為參考。

（二）節流部分

1.強化現有水庫治理

興建大型水庫在台灣現有環境已無法執行，現有水庫永續經營就成為重要課題，「淤積」有水庫殺手之稱，減少水庫淤積永續經營，關鍵在於上游集水區的治理，首先，政府有責教育民眾集水區內不得濫墾濫建之正確觀念，其次，管理單位應每年編列預算治理集水區，包括邊坡的植栽、水土保持工程等整治工作，避免颱風豪雨即造成邊坡土石的大量坍方，坍方減少，淤積量自然減少，現有水庫永續經營始能實現。

2.老舊管線必須盡速汰換

國內自來水事業有兩個機構，分別為台北自來水事業處及台灣自來水公司，管理單位前者為台北市政府，後者則屬經濟部，兩個自來水機構都同時面臨管線老舊問題，管線老舊除了水質受影響，有裂縫或破損的管線也無法供應穩定的水量。雖然兩家公司固定編列預算汰換所屬管線，但畢竟自負盈餘，汰換管線須顧及每年營收，致預算額度緩不濟急，尤其自來水公司管線幅員遼闊，老舊管線問題更是嚴重，一年起碼流失掉一

座大型水庫的水量，政府應介入要求一定期限內將管線問題解決，否則即使再多的開源措施也無法應付天天流失的水量。

一、中文參考書目

吳定，1991，公共政策。台北：華視文化事業公司，初版。

張世賢、林水波，1990，公共政策。台北：五南圖書出版公司，五版。

林水波，1981，「政策執行之理論探討」，思與言，十八卷六期，頁 459-501。1992「政策本身與政策執行力的關聯性」，政治科學論叢，四期，頁 1-41。

姚祥瑞，1995「我國水資源政策執行研究-翡翠水庫與民眾互動關係之個案探討」，中國文化大學碩士論文，1995 年 6 月 1 日。謝毅雄 1995 年 3 月 28 日訪談紀錄，收錄於論文內。

王俊秀，1993 「歐、美、日主要環保團體行動策略之研究」，行政院環保署研究計畫。

陳海萍，「立委邀請科學界討論翡翠水庫學術座談會」，中華雜誌 176 期，1978 年 3 月，頁 27-33。行政院環保署，推動環保有關事務團體名冊，1998 年 11 月，頁 6。

尹效忠，經濟部水資源統一規畫委員會，「大甲溪流域開發達建水庫計畫定案報告」1959 年 10 月。

二、英文參考書目

Almond,Gabriel A

1956 ‘Comparative Political Systems’ *Journal of Political*,Vol.18,（August.）：22-57.

Almond,Gabriel A and Sindney,Verba

1963 *The Civic Culture：Political attitudes and Democracy in five nations.*Princeton：Princeton University Press.

Dye,Thomas R

1998 *Understanding Public Policy.*9th ed.Englewood Cliffs,New Jersey：Prentice-Hall.

Dunn,William N

1994 *Public Policy Analysis：An Introduction.*2ed Englewood Cliffs,New Jersey：Prentice-Hall.

Grindle,Merilee S

1980 *Politics and Policy Implementation in the Third World.*Princeton,New Jersey：Princeton University Press.

Lindblom,Charles E and Woodhouse,Edward J

1994 *The Policy-Making Process.3rd ed.Englewood Cliffs,*New Jersey：Prentice-Hall.

Ripley,Randall B and Franklin,Grace A

1986 *Bureaucracy and Policy Implementation* .Chicago.ZLL：The Dorsey Press.

Brante

1990 Professions in *Theory and History：rethinking the study of the professions,*London；Newbury park：,Sage Publications Ltd.

Putnam,Linda L and Roloff,Michael E

1992 Communication and Negotiation.Newbury park,California：Sage.

Nakamura,Robert T and Smallwood,Frank

1980 *The politics of Policy Implementation.*New York：

Martin`s Press.

三、英文期刊

Berman,Paul

1978 ʻThe Study of Macro-and Micro-Implementation.ʼ *Public Policy*,26：2（Spring1978）157-184.

Lowi,Theodore J

1964 ʻAmerican Business Public Policy,Case Studies,and Political Theory.ʼ World politics,16：667-715.

Van Meter,Donld S and Van Horn,Carl E

1975 ʻThe Policy Implementation Process：A Concept Framework.ʼ *Administration and Society*,6：4（February）445-487.

Nixon,Jaqi

1980 ʻThe Importance of Communication in the Implementation of Government *Policy at Local Level.*ʼ *Polivy and Politics,*8：2,127-144.

Drucker,Peter F

1980 ʻThe Deadly Sins in Public Administration.ʼ *Public Administration Review*,March/April,100-110.

Key,Valdimer O

1967 *Public Opinion and American Democracy.*New York：Alfred A.Knopf.

第三章 抗旱治理模式-抗旱一頁[21]

　　當我們認為水從水龍頭裡流出，是很自然的事，就難以想像水龍頭裡流不出水的景象，當我們認為翡翠水庫水應該源源不絕時，更難以想像翡翠水庫幾近見底情形，這些難以想像的事，在民國 91 年時都發生了，北部地區水庫缺水幾近見底，尤其是翡翠水庫，供應範圍涵蓋重要政經活動聚集的台北市，影響人口在當時包括台北市加新北市（原台北縣）達四百萬之多，缺水已造成大台北地區民眾生活及各行業用水的不便，直到今日身處當時惡夢的民眾憶起這段限水日子，仍有不堪回首之感。

第一節　警訊及因應措施

　　翡翠水庫雨水來源包括颱風、東北季風、春雨及梅雨，每年 5-11 月為防汛期，也就是颱風豪雨帶來的雨水。

21　本文發表於專業刊物「翡翠水庫建庫 25 週年特刊」，台北翡翠水庫管理局出版，2012.6.頁 60-65。

一、警訊上簽

　　猶記抗旱前一年，民國 90 年汛期結束後，11 月開始的東北季風雨水並不豐沛，民國 91 年開春後春雨更不如預期，兩個應帶來雨水的期程陸續失靈，由於水位持續下降，當年的 2 月 27 日臺北翡翠水庫管理局（以下簡稱本局）簽報市府，大意為若不降雨，水庫水位低於下限時，將視情況與臺北自來水事業處〈以下簡稱北水處〉協調，請媒體宣導節約用水，並採取適當措施。同時間人在國外的馬市長，於不同管道獲悉乾旱資訊，立即越洋電話指示當時的北水處蔡處長及本局郭局長及早研擬因應措施。

二、防旱因應措施

（一）節約用水宣導

　　本局與北水處隨即進行相關作業，並於 3 月 5 日首次召開記者會，呼籲民眾及各機關節約用水，推動各機關學校換裝省水器材等措施，同時提供節水 36 計，供民眾參考。其後並接續於 3 月 12 日、4 月 9 日、16 日及 23 日等，陸續舉行市政記者會，提供水情即時資訊，另於 4 月 24 日由市長於乾旱現場舉行記者會，讓民眾注意旱象，配合市府政策節約用水。

　　為共體時艱度過枯旱難關，5 月 6 日清晨，馬市長親至翡翠水庫拍攝乾旱節水宣導短片，呼籲市民節約用水。

（二）限制原水供應量

　　本局邀集北水處及台灣省自來水公司與相關水利單位研商水源調度問題，並作成結論，在翡翠水庫水位於上限與下限

22之間加強宣導民眾節約用水，並設限該階段水庫最大供水量 37.77 秒立方公尺供應自來水原水需求，以撙節水源用量。

（三）緊急應變計畫

　　市府於 4 月 23 日正式提出「因應九十一年度乾旱時期緊急應變計畫」，此計畫針對不同水情分成三階段：

　　第一階段：著重於節水措施，包括要求北市機關學校全面換裝省水器材，及減少公園澆灌及灑掃路面用水來減少用水量。

　　第二階段：為限水措施，包括停止自來水澆灌、洗街、噴水池、大樓清洗，並停止游泳池、三溫暖、水療館、洗車及遊樂性等用戶供水，並對每月用戶超過 1000 度以上用戶減量供水。

　　第三階段：輪流分區供水措施，依供水區域分為五區，實施每五天供水四天停水一天之分區供水措施。

第二節　抗旱作為

　　翡翠水庫最低水位出現於抗旱末期，在此之前台北市政府亦已因應推動各階段限水措施。

一、歷史最低水位

　　91 年 1 月 1 日，翡翠水庫水位尚有 161.99 公尺，較歷年同日平均水位 161.74 尚高出 25 公分，由於降雨情形極不理想，

22　翡翠水庫上下限隨月份不同而有不同，當時為五月，上限為 160 公尺，下限為 140 公尺。

3、4月份降雨量更創下翡翠水庫完工來之月最低降雨量紀錄。在這種降雨少又分散，集水區水量涵養受泥土吸附、蒸發，使水庫進流量大幅減少，5月2日水庫水位已降至完工以來最低紀錄133.10公尺，7月1日更降至119.06公尺，為翡翠水庫歷史最低水位，有效蓄水量僅餘2,621萬立方公尺。

二、第二階段非民生限水

由於乾旱持續，以5月當時之水量，在颱風豪雨何時降臨無法預知情形下，要維持至9月〈夏季結束〉之原水供應，確實存在變數，市府遂採取一系列危機處裡。

市府成立防旱小組及應變，旱象持續時，馬市長於三、四月間多次集合包括副市長、秘書長、研考會、新聞處、北水處及本局等首長了解水情，研擬因應措施，並指示以「省水效果最大，民生衝擊最小」之原則，成立臺北市防旱小組，歐副市長為召集人。

4月30日第一次防旱小組會議，宣布自5月1日開始實施「因應九十一年度乾旱時期緊急應變計畫」第二階段限水措施，包括市政單位澆灌花木洗街、噴水池、大樓外牆清洗用水、專用水栓，公私立游泳池、三溫暖、水療館、洗車與遊樂性供水都受到影響，此階段民生用水則不受影響。自4月30日成立起至7月5日結束止，共召開13次會議。

本局則自5月7日亦成立抗旱應變小組提供水情資訊，該小組每日上午固定召開會議，提出水庫降雨量、進水量、蓄水

情形，並對於各種可能預估降雨情況推算水庫供水時程，提供詳細資訊，供市政府防旱小組決策之依據。

三、第三階段分區限水

　　旱象不但無舒緩跡象，且有愈來愈嚴重趨勢，市府防旱小組遂宣布自 5 月 13 日起進入第三階段限水，即採取供四天停一天的分區輪流供水措施。至 6 月 17 日起，為便於市民容易記憶，改為供六天停一天之限水方式，即每星期固定一天限水。採取前述限水措施，除共體時艱節約用水外，也考慮期間不影響消防及醫療業之用水。

四、人造雨措施

　　旱象已使各行各業受影響，為增加翡翠水庫集水區的降雨量及降雨機率，降低乾旱程度，空軍氣象中心配合鋒面條件分別於 3 月 15 日、16 日，5 月 16 日、17 日、22 日、23 日共計派遣 18 架次 C-130 運輸機實施空中人造雨作業。

　　除軍方外，本局亦配合經濟部水利署於 5 月 15 日在烏來的信賢、孝義、福山三派出所及烏來污水處裡廠設置四站地面人造雨站。後因南部地區旱象獲得紓解，本局再協調該署，將南部地區的地面人造雨設備移設置翡翠水庫集水區內施作地面人造雨，於 6 月 12 日包括坪林的漁光、石嘈、金溪三派出所、坪林污水處裡廠、翡翠水庫辦公室及大壩等增設六站地面人造雨站。其後配合氣象局通知，於 5 月 16 日、17 日、23 日、31 日，6 月 4 日、6 日、12 日、13 日、14 日、17 日、19 日等共計實施 11 次的地面人造雨。

五、旱象嚴峻仍支援石門水庫，紓解板新地區用水困境

新北市板新地區供水區由石門水庫供應，並由翡翠水庫支援用水，方式為透過北水處每天供應十餘萬噸清水，3 至 6 月旱象最嚴重時，每天增加供水二十餘萬噸清水。抗旱期間市長指示：「全力支援省方用水」最高曾達每日支援用水近四十萬噸清水，石門水庫得以減少供水量，若無翡翠水庫增加這些支援供水，石門水庫恐於 5 月中旬即降至呆水位。其時，翡翠水庫亦處於「乾渴」狀態[23]，惟體認水資源屬國家的，在極吃力情形下，仍調度供應板新供水區域用水，協助解決其水荒，發揮共患難精神。

六、節約用水延長供水時程

台北市政府自 3 月 5 日起呼籲民眾節約用水起及執行限水、分區輪流供水等措施，至 7 月 5 日恢復正常供水止，累計節約水庫原水供應量約為 6300 餘萬噸，另北水處支援省方清水量較 90 年同期增加 1900 餘萬噸，換算原水量後累計約為 2200 餘萬噸，兩者合計約為 8500 餘萬噸。若換算該水量可延長台北供水區供四限一用水達 45 天；北水處支援省方水量亦可延長石門水庫 45 天之供水時程，始能等到 7 月 3、4 日颱風的到來[24]，為度過此次枯旱難關的重要因素。

---

[23]　翡翠水庫 5 月 13 日水位為海拔 130 公尺，離嚴重下限值 125 公尺極近。

[24]　7 月 1 日 1700 翡翠水庫水位創蓄水以來歷史最低水位海拔 119.6 公尺。有效蓄水量僅 2621 萬噸，佔總有效蓄水量 7.7%。參見「翡翠水庫九十一年抗旱四月紀實報告」，翡管局編製，2002：20。

七、解除限水時機

　　六月底終有颱風訊息，颱風雷馬遜路徑被預測可能進入北台灣，台北市長更親率相關局處人員至中央氣象局瞭解動向及可能降雨狀況，7 月 3 日雷馬遜颱風果為翡翠水庫集水區帶來明顯降雨，並持續至 7 月 4 日，水庫水位回升，市長於 7 月 5 日宣布解除民生限水，但因尚未達下限 141 公尺，故游泳池、洗車業等次要民生用水亦僅恢復至 80％供水量，仍請市民繼續節約用水，市府防旱小組亦暫不解散。第二個颱風娜克莉於 7 月 9、10 到來，又使水庫水位大幅回升，並於 9 日 21 時水位一舉突破 141 公尺下限，市長遂於是日晚間宣布解除了所有限水措施。

八、過程中之質疑

　　最早實施限水時間為 5 月 1 日，為針對澆灌花木洗街、噴水池、大樓外牆清洗用水、專用水栓，公私立游泳池、三溫暖、水療館、洗車與遊樂性等非民生之第二階段限水，民眾曾有限水太早之質疑，然若非依前述時間限水及後續系列相關限水措施，預估水庫將於 5 月 26 日即達呆水位，缺水現象只會更為惡化，甚而提前達到無水可用窘境，由前述節水數據亦可澄清部分民眾之質疑。

　　枯旱期間有中央民代根據本局網頁，及外傳之訊息，諸如為發電造成水源浪費、管理局提報不實水庫存水量、呆水位水

量等，二度到訪本局了解[25]，本局均引據事實數據說明，電子媒體政論節目亦以此為題材討論，惟因當年底為台北市長選舉，在缺乏理性探討之環境下，最終結果為「信者恆信、不信者恆不信」。

第三節　結語

自 3 月 5 日呼籲民眾節約用水起，至 7 月 9 日止，長達四個月餘的抗旱，過程中有欣慰，也有省思之處。

（一）抗旱過程中，民眾因應輪流供水措施，展現高水準的配合，是抗旱成功的

關鍵，也因而延長供水時程。除此，政府對整體規劃運用及調度，若無積極因應措施，僅存靠天僥倖心理，寄望颱風帶來雨水解除旱象，是無法度過危機的。

（二）抗旱以來，市府、北水處及本局之處理，展現團隊精神，運用高度專業知

識分析歷史水文資料及提供正確水情評析，雖遭外界質解，仍任勞任怨，同舟共濟冷靜因應，有效化解各項危機。

（三）此次乾旱經驗，也促使水庫運用規則研修，民國 78 年起用之「臺北翡翠水庫運用規則」在此次乾旱中已不符操作需求[26]，針對減輕下游洪災與增加蓄水利用效率重新檢討

25　當時有立法院台聯黨團八位立法委員至翡管局了解水情，並質疑翡管局水庫運轉操作諸多不當，由於現場媒體眾多，出席之台北市議員亦不滿中央國會議員質詢地方政府官員之錯亂角色，雙方不歡而散。見上註 2002：9。

26　「由於近二十年未發生缺水現象，因此對於當水量不足時，應採取何種措施，相關經驗亦有不足，造成中央與地方因應乾旱策略意見分歧，迭有紛爭，最

後，運用規則最終於民國 93 年修正定案。

　　俯仰之間，十年已過，展望未來，在全球天候異常屢創極端氣候紀錄下，「枯旱」頻率的增加，已成為我們不得不去面對的事實，「前事不忘，後事之師」，儘管時空不同，政府會有不同之因應，但政府積極作為及民眾配合二項因素，應為抗旱危機時因應不變之真理。

後雖因降下甘霖解決旱象，但應將此次經驗及缺失情形，審慎檢討，訂定標準作業程序，列入爾後水庫操作運轉、水庫規則研修，甚至水資源調度利用之參考。」參見「翡翠水庫 91 年年刊」2002：9。

參考書目

台北翡翠水庫管理局

2002　翡翠水庫年刊。台北：台北翡翠水庫管理局。

2002　翡翠水庫九十一年抗旱四月紀實報告。（未出版）

台北自來水事業處

2003　抗旱四月實錄。台北：台北自來水事業處。

第四章 水權治理模式-中央與地方權限劃分：臺北市自來水水權劃分觀點[27]

　　我國自來水法訂定營運管理及監督之機關，內容涵蓋與自來水相關事務，該法自公布實施後歷經十一次修正，而內容最關鍵、修訂幅度最大的，則為 2002 年，修正主因在於當年北部亢旱期間，引發之中央與台北市水權等爭議，當年修法重點在於跨二縣市之水權管理及亢旱期間之用水調度改回中央，然而當年底台北市長選舉、中央與台北市垂直府際分立現象等政治因素，使這場水權爭議充滿政治性，加以亢旱引發之中央與台北市權限爭議，雖藉由修法暫時彌平，卻仍無法迴避身為首都的台北市水權權限被割裂；產生與中央之權限問題，這是本研究動機之所在。

　　水龍頭裡流不出水，屬公共治理的範疇，當我們認為大台北地區主要水源的翡翠水庫，水源應該源源不絕時，就難以想

27　本文發表於中國地方自治學會，67 卷 5 期，2014.05 頁 4-26。

像翡翠水庫幾近見底情形，2002 年年北部地區水庫，包括：「翡翠」與「石門」缺水幾近見底；尤其是翡翠水庫，供應範圍涵蓋重要政經活動匯集的台北市，影響人口包括台北市與新北市〈原台北縣〉達四百萬人之多，該次亢旱分別記錄了經濟部暨水利署旱災緊急應變小組、旱災中央災害應變中心及各相關機關（單位）實際救旱應變過程、應變措施及應變機制執行成果，及至今日，水利主管機關仍將 2002 年旱災亢旱處理，列為經濟部「旱災災害防救業務計畫」的緊急應變實例。因該次亢旱，使自來水法大幅修正，將原屬台北市水權調度權限改回中央，我們必須還原該次亢旱權限爭議過程，經由 2002 年抗旱個案及抗旱後檢驗，重新檢視台北市與中央水權調度關係，以新的思維提出解決之道，乃本研究之目的所在。

第一節　中央與地方合作治理模式

在公共政策環境變遷下，中央政府制定暨推動政策或解決問題，從傳統的政府統治（government）模式，進展到公共治理（governance）；亦即國家與地方政府共同治理公共事務，亦共同承擔責任。此種轉變，使中央與地方推向府際合作治理（governance of intergovernmental cooperation）模式；此一模式也是國際重要組織「經濟合作暨發展組織」（Organization for Economic Co-operation and Development,簡稱ＯＥＣＤ）所倡言之「垂直合作」（vertical co-operation）（OECD,1999:12）。

一、府際互動的動態觀點

　　學術界有關「府際關係」探討，首推美國學者萊特（Deil S.Wright）經典著作《瞭解府際關係》（*Understanding Intergovernmental Relations*），書中從動態的觀點切入，認為「府際關係」是指包含所有政府單位（all government units）和所有公職人員（all public officials）間之互動關係（regular interactions among officials），不但互動為常態性，尚且涉及互動者的態度與行動，而這些態度，作為或不作為形成的結果與影響，即構成府際關係中的政策面向。

　　萊特從權力運作的角度觀察美國聯邦、州與地方政府間的互動關係，將府際互動模式歸納為協調型權威模式（coordinate-authority model）、涵蓋型權威模式（inclusive-authority model）以及重疊型權威模式（overlapping-authority model）等三種。茲扼要敘述如下：〈Wright,1988：39-49〉

　　（一）協調型權威模式（coordinate-authority model）：此一模式提出的府際關係係指聯邦政府、州政府為各自分立、互不侵犯的對等實體，其設定的基本原理是「對等協調」（coordinate），其互動是「獨立」，其權威運作模式是「自主」。

　　（二）涵蓋型權威模式（inclusive-authority model）：此一模式僅中央政府享有自主權限，各層級政府間自然形成「依賴」關係，而權威運作模式為典型的「科層組織」。

　　（三）重疊型權威模式（overlapping-authority model）：此一模式強調不同層級政府間權力分享與責任共擔，任何層級政府權力都有其限制，須經由既競爭又合作的方式取得適當的權

力與影響力,以從事政府之治理。在體制設計上是具有交集的「互相重疊」(overlapping),關係是「互賴」;其權威運作模式是「談判」。隨著社會發展的多元化、複雜化而擴大,此時權力的行使常需要府際間的共同協力。

表 4-1　Wright 的府際關係互動模式

模式	府際關係	特性
協調型權威模式(coordinate-authority model)	聯邦政府、州政府為各自分立、互不侵犯的對等實體	其設定的基本原理是「對等協調」(coordinate),其互動是「獨立」,其權威運作模式是「自主」
涵蓋型權威模式(inclusive-authority model)	僅聯邦政府享有自主權限	各層級政府間自然形成「依賴」關係,而權威運作模式為典型的「科層組織」
重疊型權威模式(overlapping-authority model)	強調不同層級政府間權力分享與責任共擔	具有交集的「互相重疊」(overlapping),關係是「互賴」,其權威運作模式是「談判」

資料來源:本文研究整理

二、中央與地方關係的網絡觀點

　　學者認為府際間的關係也是一種動態複雜的網絡關係,每個行動者在府際的網絡中都有自身的利益偏好的目標追求,並依本身所擁有資源的關鍵程度,隨時與其他行動者進行策略性

的互動（史美強，2005），而英國學者 Rhodes（1986）提出之政策網絡（policy networks），應用於分析英國新的地方治理型態，則廣為學者間所採用，其從政策網絡觀點分析政府間的關係。所謂政策網絡是指「一群組織基於資源依賴原則相互連結，並藉此資源依賴關係與其他群組織相互區隔。」亦即以不同組織對資源的需要與依賴相互連結而形成，Rhodes 將政策網絡與治理的觀點運用於探討英國中央與地方政府間關係（central-local government relation）的運作態樣。

　　Rhodes 的架構中，府際關係被視為是一種賽局（game），中央和地方政府的行動者皆會為求取優勢而展開不同策略的合縱連橫。Rhodes 發現此種府際關係並未形成多元競爭與議價的情形，為能與中央政府互動談判增加資源，地方政府反藉由整合後力量，以少數若干重要代言人模式，與中央政府進行談判與互動，異言之，Rhodes 的府際關係，中央與地方政府各自擁有資源、優勢及執政理念因素，形成兩者間對抗或合作的態勢。（Rhodes, 1999：132）。此模式呈現出類似統合主義，一種有限競爭（limited competition）、具有利益中介（interest intermediation）機制的「政策社群」（policy community）（Rhodes & Marsh, 1992: 11）。政策網絡（policy network）的出現，使中央政府能透過此一系絡直接控制或指揮原本隸屬於地方政府的組織，甚至取代其職能，增加中央與地方政府溝通協商的管道，減少政策執行的阻力；然而，無形中強化中央集權的傾向。

　　就地方治理而言，不僅出現政府機關機制，亦包含其他機制，Rhodes 即從政策社群和政策網絡（policy networks）的概

念理解地方治理過程的行動者並不侷限於政府機關，在資源互賴（resources-dependence）下還包括其他私部門和志願性團體，任何治理成果都必須藉由行動者相互間磋商和資源交換而完成（Rhodes, 1997: 36-38）。更進一步言，任何行動者都是在一個既存的、相互依賴的網絡關係中，透過社會過程的引導作用，形成一種「自組化的網絡治理」（self-organizing network governance）（Kickert, 1997a: 735; 1997b: 34-36）。

根據 Rhodes 的觀察，此種自組化政策網絡的治理，涵蓋以下幾項特點：

（一）促使網絡成員間的持續互動，是由於相互交換資源和磋商共同的目標的需要所致；（二）此種以合意規範為基礎的「博弈式」（game-like）互動關係，是由網絡參與者磋商和彼此同意的遊戲規則來約制；（三）政府基於主權的立場和權威優勢，仍能間接且在一定程度上領控這些政策網絡（Rhodes, 1996: 660）。具體言之，各類行動者將依不同政策議題、不同的時間和針對不同的目的，而自組成不同類型的政策網絡，而地方治理即是對這些自組化的政策網絡加以管理。

英國雖為單一制中央集權國家，但整體而言，英國中央與地方府際關係受中央議會內閣制憲政精神所影響，依然維持中央與地方密切互動的雙元（Dual）政府體制，但傾向於中央集權的運作模式，中央與地方政府的府際關係各自擁有資源、優勢及執政理念因素，形成兩者間或為對抗、或為合作的態勢〈田榕祿，2009：80〉。由前述可知，英國雖然是單一國，然而地方政府則傾向分散式權力（decentralization），三級地方自治團體，互不相屬，而且沒有上下級自治團體指揮控制之關係，各

級地方政府有充分自主權。

第二節 中央與地方法律關係

中央與地方法律關係依體制不同，主要可分為單一制國家及聯邦制國家等兩種法律關係。

一、單一制國家法律關係

單一制國家地方自治並不存在憲法保障問題，因為地方自治體只是獲得中央政府法律上授權，而單一制國家憲法亦不限制中央立法權限，所以中央可以在其所需範圍內立法，此種中央任何領域立法的權力，並未違反憲法規範，中央也可以通過立法授權予地方團體自治，自然也可收回此項授權而撤銷立法。

二、聯邦制國家法律關係

所有聯邦制國家在憲政設計上提供了地方政府的保障，如前節所述，聯邦制國家憲法都規範有中央與地方權限的劃分，聯邦和各州在何範圍內享有權力，都由憲法規範，各州在政務運作上，憲法權力的作用，是與聯邦處於分權的平等地位，若發生地方與中央的權限分配爭議，則由司法審查機制處理。美國憲法並未明定由何機構擔任司法審查，司法審查職權由美國最高法院取得，是歷史慢慢演變而來，而馬柏里對麥迪遜一案〈Marbury v. Madison, 1803〉則是最高法院取得司法審查權的轉戾點。如果認為最高法院成為司法審查機構，就只著重於法律面功能，那麼可能無法對最高法院窺知全貌，美國最高法院

名義上仍是法庭，但在功能上卻是充滿政治意味，其不僅有責任守護憲法上所保障的個人權利，亦隨時檢討國會的立法及政府的行政措施。由歷史檢驗，美國內戰前，最高法院實務上有時傾向支持中央政府，有時則支持地方政府，但自美國內戰結束後，趨勢則逐漸朝有利於全國性政府的方向發展（彭懷恩，2006：133）。比較好奇的是若聯邦要擴權，是否處於有利地位？

　　聯邦要擴權由於屬於憲政層次問題，自然不是一般法律程序處理，原則上仍須經過修憲過程，且憲法修正並非單方所能進行，如需進行憲法修正，必須獲致雙方同意，各州同時亦有參政權；此種設計，自然保障了地方政府的權限。美國學者皮契特（Pritchette）曾對美國聯邦與地方兩層次政府，使用權力上做了適當性規範，讓政府運作符合聯邦主義精神（Pritchett,1959：26）

　　（一）聯邦之專屬權力（exclusively national powers）：對外關係方面，由於國家須有統一的發言、宣戰權及解約權，故而此項權限分配給中央政府。淺顯的道理可知，國家的統一貨幣制度是重要的，而該制度則需要中央擁有貨幣鑄造權來控制貨幣製造。

　　（二）州之專屬權力（exclusively state powers）：由於聯邦政府為被授權者，其它未授予部分，顯而易見權力仍由州所有。未免此事流於推論，聯邦憲法修正第十條作了規範：「聯邦憲法未授予亦未禁止合眾國行使之權力，由各州分別保有之，或由人民保有之。」人們對此修正條文有不同解讀，甚而誤解及認為是州權利的主要保證。實際上，該修正條文意旨只是宣布中央政府與州政府間的關係，並未帶給聯邦憲法任何新的見

解。

（三）競合的權力（concurrent powers）：聯邦憲法雖規範有授予中央政府如徵稅及管制通商等重要權力，卻並未同時禁止州於其境內亦行使該權限。

（四）禁止聯邦政府行使之權力（powers prohibited to the national government）：依中央政府被授權原則（該原則雖在聯邦憲法修正第十條被採用之前未有明文，但已為制憲者所接受），聯邦憲法未授予之權力，中央政府無權行使。

（五）州政府被禁止之使用權力（powers prohibited to the states）：聯邦憲法雖於第一條第十節對州行使權力作了些許禁止規定，但其目的主要著重於實現中央對於外界關係，例如對外談判、外交、貨幣制度等權及對外通商之專屬管制的本質。除此三範疇外，若有損害契約上義務之任何法律，則有更進一步的禁止規定。

（六）同時禁止中央及地方州政府行使之權力（powers prohibited to both the nation and the states）：規範於聯邦憲法第一條第十節對州所課之某些禁止規定，同時亦於第九節課於中央政府，包括禁止通過褫奪公權議案（Bills of Attainder）、事後法（Ex Post Facto Laws）及允予貴族封號（Granting Titles of Nobility）。

　　前述聯邦與地方兩層次政府的適當性規範，使政府運作符合聯邦主義精神雖是不同政府層次的規範，其實就是針對聯邦權限的分類。此於美國憲法可觀之，依美國憲法規範聯邦制權限，可區分為（廖天美譯，1992：33-34）：

（一）列舉權限（enumerated power）：憲法明確授權由聯

邦行使之權限。

　　（二）引申權限（implied power）：從明確規範的權限中引申出來的權力。

　　（三）綜合性權限（resulting power）：把幾項列舉權力歸結再一起所產生之權。

　　（四）固有的權限（inherent power）：外交領域裡，聯邦最高法院宣布依據憲法之授權。

第三節　我國憲政設計下之中央與地方權限

　　中央與地方權限探討主要呈現在制度保障之權限劃分、制度性保障分工不共治的府際關係、釋憲賦予地方政府參與機制及地方制度法下的垂直府際關係等部分，分別述之如下：

一、制度保障之權限劃分

　　我國憲法針對中央與地方權限劃分，除列舉事項條文規範外，並以均權為劃分輔助，以「事務有全國一致性質者屬於中央；有全省一致之性質者屬於省；有一縣之性質者屬於縣」為劃分原則，此種以事務性質為劃分基準；也就是理論上所說的「均權主義」，明文規範於我國憲法第十章「中央與地方之權限」之第一百十一條。

　　憲法第一百十一條有關均權規範為「除第一百零七條，第一百零八條，第一百零九條及第一百十條列舉事項外，如有未列舉事項發生時，其事務有全國一致之性質者屬於中央，有全省一致之性質者屬於省，有一縣之性質者屬於縣。遇有爭議時，

由立法院解決之。」前述未列舉事項發生之性質歸屬即屬均權劃分原則。

均權劃分原則為未列舉事項發生時之輔助原則，此為一百十一條明定，而該條明定之列舉事項內容，分別為：中央立法並執行之事項（憲法一百零七條）、中央立法並執行或交由省縣執行之事項及省於不牴觸國家法律內，得制定單行法規（憲法一百零八條）、省與縣各自立法並執行之自治事項及前項各款，有涉及二縣以上者，除法律別有規定外，得由有關各縣共同辦理（一百零九條及第一百十條）。其中一百零八條，一百零九條及一百十條，即顯示出省轄市及縣相關事務，包括承認省縣一定範圍內之立法等。此說明我國憲法中央與地方權限劃分精神，係根源於固有權說或制度保障說之理論設計，其有聯邦制度之地方自治影子（魏鏞、紀俊臣，2003：15)

我國憲法承認直轄市之設置見於第十一章，憲法除於第十章規範我國中央與地方之關係外，並於第十一章「地方制度」第一百十二條至第一百二十八條等規範省縣體制的建立、承認直轄市、省轄市之設置、依中央制定之省縣自治通則，分別制定省縣自治法等。

二、制度性保障分工不共治的府際關係

有關地方自治權限屬「制度性保障」，為多數地方自治學者之看法，學者紀俊臣即認為，憲法第十章「中央與地方權限」，條文明定地方自治權限，是屬「制度性保障」之憲政意義，省縣二級地方自治法規範之制定，形同美國州憲法（state constitution)或地方憲章（local charter)。其制憲目的就是強化

省縣二級地方政府定位；復因直轄市位階等同省，直轄市在制憲者制度設計中，應係如同聯邦制美國州之具公法人資格，及如同州之自主性和自治性。直轄市憲政地位既具有如聯邦州之自治性憲政地位，則直轄市與中央之府際關係，可有如下機制設計功能與定位（魏鏞、紀俊臣，2003：17-18)

（一）直轄市與中央如同聯邦與州之法律關係：此說明直轄市所具有之獨立自主性相當於州。至於為能凸顯直轄市之直屬行政院法律地位，有關直轄市之組織、立法及財政等具自主性，均應注意其機制設計。

（二）直轄市與中央係分治而非管制之法律關係：聯邦國家聯邦與州各有專司，聯邦對外，州對內，聯邦主在敦睦邦誼拓展國際關係，而州應就其州轄事務戮力以赴。故而，若地方與中央能延用聯邦制度之分權原理，則該直轄市應係以都會治理（metropolitan governance)之施政作為，推動都會性區域發展。其主要任務，即在於國家公共政策之制定，關係絕非管制而分工，而是促使地方與中央關係分工而不共治。

三、釋憲賦予地方政府參與機制

中央政府制定法律，以往鮮少讓地方政府參與，由於涉及財政影響地方政府施政甚鉅，司法院大法官釋字第五五０號，即曾針對地方須負擔經費之法律制定作出解釋：「法律之實施須由地方負擔經費者，如本案所涉全民健康保險法第二十七條第一款第一、二目及第二、三、五款關於保險費補助比例之規定，於制定過程中應與地方政府充分之參與。行政主管機關草擬此類法律，應與地方政府協商，以避免有片面決策可能造成

之不合理情形，並就法案實施所需財源事前妥為規劃；立法機關於修正相關法律時，應予地方政府人員列席此類立法程序表示意見之機會。」此一解釋認為中央政府制定須地方負擔經費之法律時，應與地方政府協商，及與地方政府充分參與之機制，而非遵循以往中央父權心態制定政策，地方政府也應就其權益做出必要的維護，大法官之解釋闡釋了中央應適度轉換的集權心態。

四、地方制度法下的垂直府際關係

　　我國地方自治在未法制化前，任何政治改革皆可能排拒地方自治的推動，變相的破壞地方自治管理模式（紀俊臣，2013：19)，而地方自治法制化轉候點，則在於一九九九年一月二十五日地方制度法制定實施後，該日也可說是我國憲政史上有關地方自治的里程碑，我國地方制度法承襲大陸法的傳統，中央與地方的關係仍以行政監督為中心（張正修，2003b：60-62）。該法規範直轄市與中央互動關係有關條文，計有第二十二條、七十五條、七十六條、七十七條、七十八條、七十九條、八十條、八十二條等。規範內容分別為「涉及自治權限處理」、「直轄市違背法律之處理」、「依法應作為而不作為之處理」、「中央與直轄市、縣 (市) 間，權限遇有爭議時，由立法院院會議決之」、「直轄市長由中央停止職務事由」、「解除職權或職務原因」、「直轄市長因故不能或不執行職務之處理」及「中央派員代理」等有關中央與地方政府間關係，規範不可謂不詳細。

　　至於地方自治體（local autonomous body）與地方行政體（local administrative body）之中央監督區別，表現在該法第

七十五條，規範直轄市辦理自治或委辦事項違法處理，明定執行「自治事項」違背法律及執行「委辦事項」違背法律之兩種結果可看出其監督之不同。

（一）「自治事項」違背法律結果：直轄市政府辦理自治事項違背憲法、法律或基於法律授權之法規者，由中央各該主管機關報行政院予以撤銷、變更、廢止或停止其執行；亦即僅就違法之認定，當其屬適當性作為時，中央即不得行使行政監督權，此即為維護地方自治之精神。

（二）「委辦事項」違背法律結果：直轄市政府辦理委辦事項違背憲法、法律、中央法令或逾越權限者，由中央各該主管機關報行政院予以撤銷、變更、廢止或停止其執行，亦即中央除違法審查之認定亦包括是否適當性作為之認定。

由自治事項及委辦事項兩種違背法律之結果，可觀之中央對直轄市監督差異之處，就在於地方自治體和地方行政體之分。地方自治體具有完整自治權，中央對地方行使各該自治權限，僅有合法性之行政監督權；然地方政府執行中央委辦事項，原有自治體特性已無，僅係行政體而不具自治權，中央對地方即兼有合法性監督權與適當性監督權。復依內政部組織法第三條規定：「內政部就主管事務，對於各地方最高級行政長官之命令或處分，認為有違背法令或逾越權限者，得提經行政院會議議決後，停止或撤銷之。」中央對直轄市的合法監督，仍須由內政部依循程序報經行政院監督與核可，由中央最高層級的行政院行使監督與核可，即為對地方自治體之尊重。

由於地制法並未明定自治團體與監督機關間之溝通機制，影響地方自治功能之發揮，司法院大法官會議亦曾於五五三號

解釋，認為地制法關於自治監督之制度設計，缺乏自治團體與監督機關間之溝通、協調機制，故而提及憲法對地方自治之制度性保障觀點，更具體地明示立法者，設置中央與地方溝通、協調機制的方向，只可惜地制法經過多次修改，均未將司法院五五三號解釋所提，增加自治團體與監督機關之溝通、協調機制納入，是不為，還是不能為，令人費解？！

第四節　中央與台北自來水權限劃分關鍵個案

以下從合作抗旱、衝突過程及至發現取向探討如下：

一、從合作抗旱至衝突過程

過程包括首都的抗旱作為、中央於抗旱後期統籌台北市水權調度、抗旱期間合作部分及亢旱期間衝突等部分。

（一）首都的抗旱作為

1.旱象警訊與初期因應

翡翠水庫每年 5 至 11 月為防汛期，也就是颱風豪雨帶來的雨水時期。2001 年 11 月，開始的東北季風雨水並不豐沛，接著 2002 年春雨亦不如預期，2003 年 1 至 2 月，翡翠水庫降雨量僅為前一年同期 48％，而進流量更低於 45％，兩個應帶來雨水的期程陸續失靈，由於水位持續下降，旱象漸現，若天候降雨狀況持續偏低，預估 4 月底水庫水位將有可能低於下限。

警覺於可能的危機，翡管局於 2 月 27 日將上情簽報台北

市政府，將視情況與臺北自來水事業處〈以下稱北水處〉協調，請媒體宣導節約用水，並採取適當措施。同時間人在國外的台北市長，於不同管道獲悉乾旱資訊，立即越洋電話指示當時的北水處長及臺北翡翠水庫管理〈以下稱翡管局〉局長及早研擬因應措施〈姚祥瑞，2012：60〉。初期則著重於節水措施，包括北市機關學校全面換裝省水器材，及減少公園澆灌及灑掃路面用水以減少用水量。自 3 月 5 日呼籲節約用水起至 4 月 30 日止，均屬第一階段。

2.應變小組成立暨不同階段抗旱作為

（1）臺北市府成立應變小組暨實施限水措施

台北市政府於 4 月 30 日成立並召開第一次防旱小組會議，宣布自 5 月 1 日開始實施「因應九十一年度乾旱時期緊急應變計畫」第二階段限水措施，自 5 月 1 日起至 5 月 12 日止，此期間為針對洗車、遊樂性等非民生用水，以及對每月用戶超過 1000 度以上用戶減量供水。第三階段分區限水，則為輪流分區供水措施，5 月 13 日至 6 月 16 日止配合「供四停一」限水措施 7 個循環；即供水 4 天停水 1 天方式。為便於消費者易於配合，6 月 17 日至 7 月 5 日改「供六停一」限水措施三個循環，即供水 6 天停水 1 天方式。自 4 月 30 日成立起至 7 月 5 日解除民生用水限制止，共召開 13 次會議[28]。

（2）翡管局成立應變小組暨提供水情資訊

翡管局則自 5 月 7 日亦成立抗旱應變小組提供水情資訊，該小組每日上午固定召開會議，提出水庫降雨量、進水量、蓄

---

[28] 參見台北自來水事業處。抗旱四月實錄。2003：42-48。

水情形，並對於各種可能預估降雨情況推算水庫供水時程，提供詳細資訊，供作台北市政府防旱小組決策之依據[29]。

（二）中央於抗旱後期統籌台北市水權調度

經濟部於 2002 年 3 月 1 日，先成立經濟部旱災緊急應變小組，主要針對台北市以外之北部旱象地區，爾後於 5 月 1 日成立旱災中央災害應變中心，統合台北市救旱體系，惟旱災中央應變中心於 6 月 20 日召開第九次會議時，始統籌台北市水權調度；於此之前台北市所轄之雙北供水區域仍由台北市政府調度。中央抗旱期間內共召開 29 次工作會議及 11 次「枯旱因應對策會議」[30]。

中央雖統籌調度台北市水權，惟實際對外宣布台北市解除限水措施仍為台北市長，7 月 3 日雷馬遜颱風為翡翠水庫集水區帶來明顯降雨，水庫水位回升，台北市長於 7 月 5 日，宣布解除民生限水，但因尚未達下限 141 公尺，故游泳池、洗車業等次要民生用水仍受限，僅恢復至 80％供水量，台北市府防旱小組亦暫不解散。第二個颱風娜克莉於 7 月 9、10 日到來，又使水庫水位大幅回升，並於 9 日 21 時水位一舉突破 141 公尺下限，台北市長遂於是日晚間宣布解除了所有限水措施。

（三）抗旱期間合作部分

1.配合增設人造雨站暨實施人造雨作業

旱象已使各行各業受影響，為增加翡翠水庫集水區的降雨

29　參見 2002 年台北翡翠水庫管理局年刊，2002：6。
30　參見 2002 年旱災中央災害應變中心。2002：4。未出版。

量及降雨機率，降低乾旱程度，台北翡管局配合經濟部水利署於烏來等地設置四站地面人造雨站。後因南部地區旱象獲得紓解，翡管局再協調該署，將南部地區的地面人造雨設備移設置翡翠水庫集水區內，增設六站地面人造雨站。另翡管局配合中央氣象局通知，共實施 11 次的地面人造雨。國防部空軍氣象中心則配合鋒面條件共派遣 18 架次 C-130 運輸機實施空中人造雨作業。

2.翡翠水庫支援石門水庫，紓解板新地區用水困境

臺北縣（即今新北市)板新地區供水區由經濟部水利署北水局所屬之石門水庫供應，並由翡翠水庫支援用水，方式為透過台北市北水處每天供應十餘萬噸清水，3 至 6 月旱象最嚴重時，每天增加供水二十餘萬噸清水。亢旱期間台北市長指示：「全力支援省方用水」。最高曾達每日支援用水近四十萬噸清水，以致石門水庫得以減少供水量；若無翡翠水庫增加這些支援供水，石門水庫恐於 5 月中旬即降至呆水位。翡翠水庫於當時亦處於「乾渴」狀態，惟體認水資源屬國家所有，在極吃力情形下，仍調度供應板新供水區域用水，協助解決其水荒，發揮共患難精神。

3.共商用水調度

台北市副市長歐晉德6月15日邀集經濟部水利署副署長、北水局長、省水公司副總經理、北水處長、翡管局長等至北水處協商，經水情分析與協調溝通，同意減供板新部分水量，以支應各該次要民生用水。

（四）抗旱期間衝突部分

1.調水權衝突

2002 年 6 月 16 日，北水處與經濟部水利署、臺灣省自來水公司、石門水庫管理局代表交換意見後，一致同意每日供水總量以 30 萬立方公尺（噸)為原則，隔日旱災中央應變中心不滿，聲稱將收回「調水權」[31]。旱災中央應變中心在抗旱任務結束後，於 7 月 10 日向行政院報告抗旱成果中，提及「這次旱象因為板新用水，而發生擁水自重及南勢溪水權爭議」。7 月 16 日「旱災中央災害應變中心總結報告」中，再次針對台北市抗旱應變中心宣布減少對台北縣支援用水部分，提及「旱象這麼嚴重，卻因為板新用水，而發生『擁水自重』的現象」[32]，影響中央水資源調配及限水措施，並損及台北縣民權益。

2.南勢溪水權爭議衝突

台北市抗旱小組調配水源引起旱災中央應變中心不滿，6 月 17 日，聲稱將收回「調水權」，並延伸引起「水權」爭議，包括：北水處對南勢溪水權年限有無逾期、有無權取用南勢溪原水及北縣亦加入爭取南勢溪水權登記之爭議。經濟部水利署則認為，北水處對南勢溪水權使用，將於 2002 年 6 月 30 日到期，且未於到期前一個月申請展延，北水處未取得水權擅自取水，違反水利法。

3.質疑翡翠水庫調節調配不當之衝突

2002 年 5 月 17 日，前總統李登輝與媒體茶敘時，認為大

31　同註 2，2003：102。
32　同註 4，2002：58。

台北地區缺水主因是台北市政府對翡翠水庫的水資源調節調
配不當，諸如：為發電賺錢造成水源浪費，導致 10 餘億噸的
水在發電後流入大海，以及管理局提報不實水庫存水量、呆水
位水量等，主事者應負起責任。5 月 22 日，立法院台聯黨團
一行 8 人赴翡翠水庫聽取簡報，並質疑台北市府水庫管理失當，
造成缺水，遭同於翡翠水庫現場的台北市議員反制質疑台聯立
委權限。最後，雙方不歡而散，當年底適逢台北市長選舉，在
缺乏理性探討之環境下，政策是非已形成政治問題。

二、發現取向

（一）抗旱期間爭議還原

1.調水權爭議部分

台北市「擁水自重」一說，肇因於台北市抗旱小組 6 月
14 日決議，以總量管制支援台北縣水量，中央認為影響台北
縣民用水，對此不滿而有此說法。根據資料顯示，6 月 10 日，
石門水庫供水區降雨量較為豐沛，缺水危機趨於緩和，石門水
庫亦減少對板新水廠之供水量，而此時翡翠水庫集水區降雨情
形反而較少，此為台北市抗旱小組總量管制台北縣水量背景原
因，6 月 16 日，即在決議後北水處與經濟部水利署、台灣省
自來水公司、石門水庫代表等交換意見後，達成供水總量以每
日 30 萬立方公尺（噸）為原則之共識，若以資料顯現兩個水
庫當時降雨情形及北水處與其他三方代表取得共識來看，台北
市「擁水自重」說恐有失公允。

2.台北市有無擁有南勢溪水權法源問題

　　由於溪流匯聚地形因素，北水處於下游取水口取水時會涉及三條溪流之水權，即坪林下游經翡翠水庫攔蓄之北勢溪、烏來下游之南勢溪以及兩溪匯流後之新店溪，而北水處取水口直潭壩、青潭堰則位於翡翠水庫及台電公司桂山電廠下游，分別說明其水權情形：

　　（1）南、北勢溪水權：北勢溪水權由「台北翡翠水庫管理局」取得，使用年限至 2003 年 6 月 30 日，其使用方法記載「調蓄北勢溪流量、另與南勢溪發電尾水及天然流量合併運用。」故南勢溪水權併入翡翠水庫水權狀內，使用年限同樣至 2003 年 6 月 30 日。

　　（2）北水處水權取得合法：自來水事業主管機關經濟部於 1994 年 5 月 26 日有關北水處水權會議結論「台北自來水事業處申請直潭壩之水權，應在臺北翡翠水庫管理局已取得之水權內。」此為北水處取得水權之依據，依此結論，北水處對翡翠水庫所放流之水與台電公司桂山電廠處理後之尾水及天然流量，有權取用及合併運用提供公共給水，故而北水處取用北勢溪與南勢溪匯流後新店溪之水源，有合法正常之水權[33]。

　　（3）中央失去釐清爭議的制高點時機

　　北水處雖將前述水權取得過程於北市 1171 次市政會議提出報告，惟中央應變中心總結報告裡，有關水權部分僅建議經濟部「應根據這次的抗旱經驗，優先檢討南勢溪水權，載水權

---

[33]　參見經濟部 1994.5.26 協商臺北自來水事業處申請直潭壩水權取得登記事宜會議。

狀上明訂清楚權利與義務」[34]，其餘水權爭議部分未再見提及，而對北水處已擁有之合法正常水權說法，未利用政府總結報告還原事實，不論有意或無意，已失去中央政府釐清水權爭議的制高點時機。

3. 調節調配不當實為水源多次利用之誤

翡翠水庫蓄水利用以「翡翠水庫運用規則」為操作運轉依據，依其規則規定，水庫水位在下限 141 公尺以上，放水須先經發電利用，發電後再作為自來水用途，使水源得到多次而有效之充分利用，目的為提高水的使用效益，放出的水量約 88％均先經由發電廠發電利用，其餘約 12％用於颱風來襲時緊急洩洪。

翡翠水庫滿水位 170 公尺，有效蓄水量 3.4 億立方公尺，每年平均進水量為 10.1 億立方公尺，超過有效蓄水量部分均需放流，否則水庫無法承載而潰決，亢旱期間，若南勢溪天然流量充足，則水庫不發電放流以蓄儲原水，若不足時則以電廠發電放流補充；也就是說，發電放水有其條件與目的，當南勢溪流量足或翡翠水庫水位不夠之任一情形發生，都不會有放水動作。當南勢溪流量不足需由翡翠水庫放水提供時，則先經由電廠發電後再放到下游取水口。此舉僅充分利用水資源，並未如爭議般的浪費水資源。

（二）台北市有能力自行調度

1.限水時程研判

34　同註 4，2002：58-59。

（1）台北市部分：本次亢旱期間，翡管局依據年初春雨遠不如以往豐沛，翡翠水庫水位持續下降，旱象漸現，於 2 月 27 日即簽報並研擬因應措施。於 3 月 5 日召開記者會呼籲節約用水，並採取一系列相關節水限水措施，當時蓄水量尚有 56％，4 月底翡翠水庫水位已低於嚴重下限，北市於 5 月 1 日起、5 月 13 日起、6 月 17 日起陸續實施的三階段非民生限水、停止用水大戶供水及分區限水等措施，中央則於 6 月 20 日旱災中央災害應變中心召開第九次會議時，正式接管台北市亢旱調水權。亢旱解除民生限水時間，則為 7 月 5 日。

（2）中央部分：中央管轄之石門水庫於 1 月水位已在下限值，且水位持續下降，中央並未採取任何措施或提出任何警告，2 月 19 日水利署提出旱災警告、3 月 1 日有人提出農田休耕，惟均未被經濟部或行政院採納，3 月 8 日石門水庫水位已進入嚴重下限以下，仍未見中央提出具體措施；即使到 4 月 26 日，其蓄水量僅剩 2 千 9 百萬噸，經濟部主持全省用水檢討會議時，仍說用水可穩定供應到 5 月，桃園地區不必進入第二階段用水。直至 5 月 18 日，石門水庫蓄水量只剩 5 百 66 萬噸，中央始採取限水措施，以石門供水區一天日用供水量 145 萬噸計算，僅剩不到 4 天供應量，前述顯示中央面對旱災處理與北市步調顯有落差。

2.台北市水源調度成果顯著

中央於亢旱期間將調水權收回統籌調度為 6 月 20 日，而台北市推動之第三階段限水業已實施，自 3 月 5 日呼籲節水及執行限水分區輪流供水等措施，至 7 月 5 日恢復正常供水止，臺北自來水事業處累計節約水庫原水供應量約 6 千 3 百餘萬噸；

另支援省方原水量累計約 2 千 2 百餘萬噸，兩者合計 8 千 5 百餘萬噸。若換算該水量可延長台北供水區供 4 限 1 用水達 45 天，支援省方水量亦可延長石門水庫 45 天之供水時程。此為石門水庫於 5 月中旬即達呆水位，竟能渡過此次枯旱難關的重要因素（姚祥瑞，2012：63）；也卻除民眾限水過早之疑慮。

三、中央藉由修法重新劃分與台北市權限

（一）修正自來水法權限

　　鑒於北部抗旱期間與台北市政府的水權爭議，中央於抗旱結束後，於 2002 年 11 月 26 日提出「自來水法」修正，並於同年 12 月 18 日公布，內容有修正部分，也有新增部分，與本案相關主要更動條文如表 2。

表 4-2　2002 年自來水法中央與地方權限修法後對照

修正後條文	修正前條文	說明
第三條　中央主管機關辦理左列事項： 一、有關自來水事業發展、經營、管理、監督法令之訂定事項。 二、有關全國性自來水事業發展計畫之訂定及監督實施事項。 三、有關直轄市及縣（市）自來水事業之監督及輔導事項。 四、有關供水區域涉及二個以上直轄市、縣	第三條　中央主管機關辦理左列事項： 一、有關自來水事業發展、經營、管理、監督法令之訂定事項。 二、有關全國性自來水事業發展計劃之訂定及監督實施事項。 三、有關省（市）自來水事業之監督	明列「有關直轄市及縣（市）自來水事業之監督及輔導事項。」、「有關供水區域涉及二個以上直轄市、縣（市）之自來水事業規劃及管理事項。」、「有關跨供水區域供水之輔導事項，以及停止、限制供水之執行標準與相關措施之訂定。」

(市) 之自來水事業規劃及管理事項。 五、有關供水區域之劃定事項。 六、有關跨供水區域供水之輔導事項，以及停止、限制供水之執行標準與相關措施之訂定。 七、其他有關全國性之自來水事業事項。	及輔導事項。 四、有關供水區域涉及二個以上省（市）之自來水事業規劃及管理事項。 五、其他有關全國性之自來水事業事項。	
第四條　直轄市主管機關辦理左列事項： 一、有關直轄市內自來水事業法規之訂定事項。 二、有關直轄市內自來水事業計畫之訂定及實施事項。 三、有關直轄市公營自來水事業之經營管理事項。 四、有關直轄市內公營、民營自來水事業之監督及輔導事項。 五、有關供水區域之核定事項。 六、其他有關直轄市或中央主管機關指定之自來水事業事項。	第四條　省（市）主管機關辦理左列事項： 一、有關省（市）內自來水事業法規之訂定事項。 二、有關省（市）內自來水事業長期性發展計劃之訂定及實施事項。 三、有關省（市）公營自來水事業之經營管理事項。 四、有關省（市）內公營、民營自來水事業之監督及輔導事項。 五、有關供水區域之核定事項。 六、有關區域供水制度之推行事項。 七、其他有關全省性之自來水事業事項。	明列直轄市主管機關辦理「直轄市內自來水事業計畫之訂定及實施事項。直轄市公營自來水事業之經營管理事項。直轄市內公營、民營自來水事業之監督及輔導事項。供水區域之核定事項。其他有關直轄市或中央主管機關指定之自來水事業事項。」

第十條　自來水事業所供應之自來水水質，應以清澈、無色、無臭、無味、酸鹼度適當，不含有超過容許量之化合物、微生物、礦物質及放射性物質為準；其水質標準，由中央主管機關會商中央環境保護及衛生主管機關定之。	第十條　自來水事業所供應之自來水水質，應以清澈、無色、無臭、無味、酸鹼度適當，不含有超過容許量之化合物、微生物、礦物質、及放射性物質為準。其詳細規定。由省（市）主管機關訂定公告，並報中央主管機關核備。	自來水水質標準，由中央主管機關會商中央環境保護及衛生主管機關定之。
第十三條　中央主管機關得視自來水之水源分佈、工程建設及社會經濟情形，劃定區域，實施區域供水。 前項經劃定之區域，中央主管機關得因事實需要修正或變更之。	第十三條　中央或省（市）主管機關得視自來水之水源分佈、工程建設與社會經濟情形，劃定區域，實施區域供水。 　　前項經劃定之區域，中央或省（市）主管機關得因事實需要修正或變更之。	中央主管機關得視自來水之水源分佈、工程建設及社會經濟情形，劃定區域，實施區域供水。 前項經劃定之區域，中央主管機關得因事實需要修正或變更之。

資料來源：本研究整理

自來水法修正後與直轄市權限有關之部分，包括

1.修正重點

（1）加入「直轄市」為接受中央督導之單位

原條文有關「省（市)自來水事業」於修正後均直接加入「直轄市」，將直轄市明文納入監督範圍。而自來水經營單位，至今涉及直轄市僅「台北市」一市。

（2）涉及二個以上省（市)改為涉及二個以上直轄市、縣（市）

原條文規範供水區域涉及「二個以上省（市）」之自來水事業規劃及管理事項，修正為供水區域涉「二個以上直轄市、縣（市）」之自來水事業規劃及管理事項。

（3）刪除地方區域供水權限

原中央或省（市）主管機關均可視自來水之水源分布情形劃定區域，實施區域供水，修法後刪除「省（市）」，剔除地方擁有之劃定區域實施區域供水之權限。

2.新增重點

（1）重新規定跨供水區域主管機關為中央

將有關供水區域之劃定事項、有關跨供水區域供水之輔導事項，以及停止、限制供水之執行標準與相關措施之訂定事項等權力新增劃歸中央。

（2）自來水質訂定改為中央

原由省（市）主管機關訂定公告，改為中央主管機關會商中央環境保護及衛生主管機關定之。

（二）配合自來水法修正啟動權責及調水權改回中央

經濟部於亢旱後的 2002 年 12 月發布「經濟部水利署災害緊急應變小組作業要點」，成立應變小組任務編組，負責經濟部災害緊急應變小組之水、旱災幕僚作業，召集人一人，由署長兼任；副召集人一至二人，由副署長兼任；執行秘書一人，由總工程司兼任；副執行秘書一人，由水利防災中心主任兼任；幕僚工作採分組方式輪班作業，由業務組（室、隊、中心）指派適當人員兼任，此項編組人員等同經濟部水利署人員，而旱災期間地方政府之水源調配部分，則於作業要點明訂納入小組運作。2003 年 3 月另發布「自來水停止及限制供水執行要點」，要點內將停止及限制供水措施，分四階段進行，各階段實施內容須報經濟部備查，但第三階段「分區輪流或全區定時停止供水」及第四階段「定量定時供水」之實施時機，則須先報經該部核定。至此，中央藉由修法取得分區輪流、定量定時供水之最後決定權。至於啟動時機則依公共給水及農業給水之缺水率，並「依據旱象資訊，研擬因應對策與發布旱災預警報等相關事宜」，由小組負責啟動。由前述各要點可看出，中央新增供水區及跨供水區域之權限，包括：亢旱期間調水權、啟動時機、啟動機關及旱災各階段措施等均改由中央統籌。

第五節　抗旱後中央統籌調度檢驗

以翡翠及石門等兩座水庫為例：

一、翡翠水庫例

水權由中央統籌調度後就可解決所有問題，恐怕是一個迷思，2001 年 9 月，利奇馬颱風來襲，當時經濟部鑑於前一個颱風「納莉」造成北部的災情，即要求水資源局（水利署前身）聯繫台北市府所屬之翡管局提早放水因應。翡管局非屬經濟部管轄，堅持依「翡翠水庫運用規則」操作而未遵循指令。翡管局未遵循要求除運用規則為操作之依據外，亦有其經驗指涉，利奇馬颱風之前，2000 年 10 月「雅吉」、2001 年 7 月「桃芝」，氣象預估北部山區降雨分別為 300-500 及 400-500 公厘，而實際降雨卻僅 50.6 及 41.9 公厘[35]，落差極大。為免重蹈氣象預估失靈窘境，乃依循「運用規則」為最妥適也最專業之決策，惟經濟部此舉要求卻凸顯非專業之思維。

二、石門水庫例

2004 年經濟部所屬之石門水庫因艾利颱風來襲，採取低層水位放水兼具排砂之運轉措施，惟因桃園地區民眾不耐用水混濁而反彈，經濟部所屬北水局遂改採高層水位放水，亦使洩洪排砂作業無法持續，致艾利颱風於石門水庫產生之淤積量高達 2,788 萬立方公尺，造成該水庫總蓄水容量減少 9%，水庫庫容剩餘 73%。石門水庫自 1963 年啟用至 2011 年 12 月止，

---

[35]　參見翡翠水庫年刊。2000：39。2001：21。

累積 48 年淤積量為 9,386 萬立方公尺，而艾利一個颱風淤積即占歷年累積量的 30%[36]，此種妥協下的決策不啻為「殺雞取卵」，以每年平均淤積量換算，已讓石門水庫縮短了 10 年以上的壽命。其損失代價還是要由後代子孫承擔，中央指揮北水局石門水庫調度水源，顯示之非專業性抉擇已超越了專業。

第六節　研究發現與建議

　　從學理檢視後可觀察出 Wright 的府際互動模式，其在權力運作上，將府際關係視為一種賽局。中央和地方政府的行動者都有自身的利益偏好，並依自身擁有資源的關鍵程度，隨時與其他行動者進行策略性互動。在這場影響北台灣供水的抗旱大作戰，兩個層面的思考，影響雙方公共治理應有的思維。首先，民進黨與國民黨執政下的府際分立現象；其次，時為台北市長的馬英九，年底代表國民黨競選連任。這兩項因素，使得年底台北市長選戰，如何取得主導優勢，成為政黨間的思維面向；也由於目標追求皆會為求取優勢而展開不同策略的合縱連橫，雙方互動者的態度與行動，直接影響中央與台北市雙方的政策面向，因而公共治理產生了爭議。

　　本案台北市與中央顯現出的府際互動模式，並非各自分立、自主獨立互動的對等實體，更非不同層級政府間權力分享、互賴的夥伴關係，而是由中央主導的絕對自主權限，不但於抗旱過程中收回調水權，更主導法規的修訂，以解決中央與地方權限爭議。此種由中央享有自主權限之模式，即是 Wright 所稱

---

[36]　參見北區水資源局。2014 石門水庫浚渫作業，網站「水庫清淤資訊」。

之的「涵蓋型權威模式」。就中央與台北市之憲政設計及法律關係觀之，憲法與地制法條文規定均顯示台北自來水經營的專屬權力，而學術主流看法，雖將地方自治權限歸類為「制度性保障」，然從中央 2002 年修訂自來水法拿掉直轄市供水權限觀之，台北市權限並未受到保障，個案看到的是中央擴權，其結果使現有府際關係仍停留在單一制國家法律關係上。

　　經由台北水權個案探討後，有以下的研究發現與建議：

一、研究發現

（一）不符地方自治精神

　　我國地方制度法已規範直轄市的公營事業屬直轄市自治事項，自來水事業經營管理均屬台北市政府權責，台北市對自來水事業具有完整自治權，中央祇能適法行使行政監督權，以維護地方自治精神。復依我國憲法規範，直轄市位階等同於省，憲法規定水利事項為省立法並執行之事項，雖然我國環境因遷台有所改變，但當初將水利事業責由地方執行，即在其水利性質宜屬地方管理，此亦為制憲之精神所在，除非有跨二省以上轄區，如今政府僅限台灣一隅，幅員雖縮小，依憲政精神，地方水利仍應由地方處理，中央至多擁有法令制定權，若顧及首都市長偏袒選民而將調水權收回，則為因噎廢食做法，由於都會區形成，親朋跨市工作所在多是，影響早已跨越行政範圍，故而此理由已無法成立；尤其五都形成，地方自治更應發揮之際，首都市長卻對自來水事業無權置喙，修法改由中央統籌調度十足展現中央集權思維，當不符地方自治精神。

（二）非專業性考量凌駕專業

　　翡翠水庫與自來水事業處都屬台北市政府管理，兩單位操作運轉、供水調配都須精算，考慮因素包括每日南勢溪流量、水庫上游的北勢溪進流量與大台北地區原水需求量、以及管線、淨水廠負荷等都是需精算的項目。由中央統籌考量處理水資源調配，理論上已不甚似合理，由實務觀察亦難兼顧公平與專業，甚而會犧牲專業，台灣政黨競爭激烈，為了勝選，專業考量總難敵過民粹式的民意要求，要求主政者專業調度水源，仍屬陳義過高想法。與其多繞一圈由中央處理，不如台北地區的水權調度直接完整的由台北市政府主導。

（三）權責機制未建全

1.中央有權無責之設計

　　跨供水區域主管機關由中央統籌，2013 年春雨偏少，水庫拉警報，直至媒體批露氣象預報中心主任鄭明典臉書的缺水說，始受中央水利主管機關重視，這種現象道出一個權責問題：每年 1 至 4 月本屬枯水季，各地極易發生水源不足現象，旱象啟動及調水權既已由中央負責，就應有旱象啟動機制的監督機制，使運作順暢，目前自來水法無任何規定，針對警訊機制失靈的配套措施，以往直轄市尚有中央監督，而目前一旦旱災應變小組本身疏忽，致不良後果產生，除內部懲處或監察院調查外，中央調水權之權責設計上並未有監督機制職能，形成有權無責情形。

2.遇事責任推諉

　　台北市政府目前擁有與亢旱息息相關的兩個單位-翡翠水

庫管理局與自來水事業處，前者利用大壩將水攔蓄運用；後者將水庫水處理後直接提供大台北區用戶日常用水。由於單位之預算編列、人員考核升遷，均屬台北市政府權責，為台北市政府之一級單位，然而亢旱用水調度權卻歸由中央統籌主導。中央針對旱災制定之施政原則，為「地方救災、中央支援」[37]，如今支援變成主導，實不知其制定之意義何在。由於權責機制不明，一旦遇事極可能形成相互推諉現象。直轄市長擔負民意壓力，民生用水遇乾旱受影響時，轄區調水卻無權置喙，一旦垂直府際分立現象產生，中央與直轄市分屬不同政黨執政，在權責機制未臻健全下，極易產生政治紛擾。

（四）未能兼顧地方需求

1.無法因地制宜緩不濟急

目前由經濟部旱災應變小組負責全國地區之抗旱事宜，該小組決策之制定主要靠各地資訊之彙整取得，然而各地幅員廣闊，就以經濟部所屬之北中南三個水資源局就分別分布於桃園龍潭、台中霧峰及台南市楠西等三處，從幾次旱象經驗，業呈現捉襟見肘的疲憊現象，更何況涵蓋雙北轄區的自來水事業處，尚屬於台北市政府管轄。就以修法受影響之台北市政府而言，所屬自來水事業處供水範圍涵蓋新北市，中央啟動亢旱警訊依據，無非直轄市政府派員出席會議提供意見，或是以電訊方式回報，此種統籌式處理是否能因地制宜的兼顧地方制定警訊，不無疑問。

37　參見經濟部水利署 2011 年度年報。臺北：經濟部，2012.10。

2.平台會議功能不定

亢旱期間經濟部與水利署應變小組及各水資源局透過水文監測、總量管制、用水調度、降壓供水、加強灌溉管理、節水宣導與省水補助及運用抗旱井等措施因應各地旱象，中央派駐地方人員需掌握精準，並須與縣（市)水利單位密切合作，無論中央應變小組層級為何，主要還在匯聚各方意見的平台會議是否發揮功能，若依 2002 年第一次政黨輪替出現之垂直府際分立現象而言，平台會議已淪為雙方攻守場合。以目前國內政治氛圍而言，中央與首都若分屬不同政黨執政，淪為雙方攻防場所機率甚高。

二、研究建議

（一）短期目標：建立有權有責機制

以現有中央統籌調水權而言，除內部懲處或監察院調查外，中央調水權之權責設計，尚應明定增加中央水利主管機關副首長以上之責任認定機制。只有在上層責任明確下，才不致產生「獎由上起，罰由下起」刑不上高官的現象；兼可杜絕爭功諉過之風。至於副首長以上責任認定，則應有類似委員會之設計，成員由專家學者聘任，結構上做到針對高層次人員之實質監督，始能形成有權有責之機制。

（二）中期目標：回歸地方自治授權台北市管理

授權台北市管理，不涉及修法。依憲法精神，地方水利應由地方處裡，而依 2002 年亢旱經驗，台北市政府亦有能力於乾旱期間調度水源。既然翡翠水庫與自來水事業處二單位均屬

台北市政府管轄，在既有管理架構上統籌水源調度應無疑慮，中央統籌處理水資源調配實務上，既難兼顧公平與專業，不如由中央以授權方式委由台北市自行管理，亦符地方自治精神。

（三）長期目標

因應北北基合併朝夥伴關係途徑修法

台灣僅二自來水事業機構，其中「台灣自來水公司」自 1999 年精省後隸屬經濟部，「台北自來水事業處」則於 1977 年成立後即直屬台北市政府。易言之，2002 年修法將水權調度統一，權限受直接影響的僅為首都台北市。爾後若雙北市合併，甚而朝著馬英九總統北北基構想合併，以目前供水範圍僅限雙北市而言，不會產生跨縣市情形，屆時中央自來水事業規劃及管理事項之權限，大部分仍將回復到 2002 年修法前的狀態。以夥伴關係角度觀之，中央應順勢而為，不要再修法改變權限，而應將自來水事業處轄區的亢旱等調水權，順勢由合併後之直轄市主導為宜。

一、中文參考書目

史美強（2005)，制度、網絡與府際治理。台北：元照出版公司。

田榕祿(2009)，英國的府際關係，空大行政學報，〈20〉，49-86。

紀俊臣（2013)，垂直府際關係之建構：政府組改與六都成立後組織生態分析，中國地方自治學會，66〈6〉，4-19。

姚祥瑞(2012)，抗旱一頁-憶民國 91 年抗旱。載於姚祥瑞〈編〉翡翠水庫建庫 25 週年特刊，〈頁 60-65〉。台北：台北翡翠水庫管理局。

張正修（2003b)，地方制度法理論與實用（2）：本論（Ⅰ）。臺北：學林文化。

彭懷恩（2006)，當代政治學概論。台北：風雲論壇。

魏鏞、紀俊臣，(2003)台北市與中央關係之研究—市政專題研究報告第 332 輯。臺北：市政府研究發展考核委員會。

廖天美〈譯〉，(1992)。美國憲法釋譯〈E.S.Corwin 等原著〉。台北：結構群文化事業公司。

二、英文參考書目

Kickert, W. J. M.（1997a). Public Governance in the Netherlands: An Alternative to,Anglo-American Managerialism. ***Public Administration***, 75（4), 731-752.

Kickert,Walter J.M.(1997b),Public Management in the United States and Europe in Walter J.M..Kickert(ed.),P***ublic Management and Administrative Reform in western***

Europe,pp.15-39.Cheltenham:Edward Elgar.

OECD,（1999）. *Managing Accountability in Intergovernmental Partnerships*, Paris:OECD.

Pritchett, C. Herman.（1959)*The American Constitutional Law* New York:Megrawwill Book Company, Inc.

Rhodes, R. A. W. and Marsh, D.（1992).New directions in the study of policy networks,*European Journal of Political Research*, 21（1-2), 11.Rhodes, R. A. W.（1996).The new governance:governing without government.*Political Studies*, **44**（4), 652-667.（1997)*Understanding Governance: Policy Networks, Governance,Reflexivity and Accountability*. Buckingham: Open University Press.(1999a). *Control and Power in Central-Local Government Relations*.2nd ed.London:Ashgate Publishing Ltd

Wright,Deil Spencer （1988) *Understanding Intergovernmental Relations.Pacific Grove* （3rd ed)CA ： Brooks/Cole Publishing Company

第五章　就服治理模式-六都時代中央與地方權限爭議解決模式：以「就業服務法」權限下放為例[38]

　　中央與各直轄市間就業服務權限爭議，自直轄市陸續升格後始終成為府際間互動焦點，由於雙方磨合並不順暢，也使得學界究應中央下放權力或應防止地方「葉爾欽」效應等而有不同觀點。

第一節　前言

　　本文研究正值中央與地方權限爭議方興未艾時，研究動機與目的及相關文獻探討、研究分析及架構等說明如下：

一、研究動機與目的

　　2010 年新北市、台中市及台南市等三都成立，2013 年桃

---

[38] 本文發表於「2013 六都時代地方治理學術研討會」中國地方自治學會主辦，並刊登於該會 66 卷 12 期，2013.12 頁 21-39。

園縣亦將升格，連同原有的台北市及合併高雄縣的高雄市等二都，使掌控國內人口、地域近三分之二領域的六都與中央的互動，成為媒體關注之政壇焦點，也成為國內學術界相關領域的研究焦點。而國內中央與直轄市互動關係受到注目，時間可追朔到 1999 年地制法開始實施後，期間歷經 2000 年第一次政黨輪替、2010 年的三都成立及高雄縣、市合併等，至今已有十三年之久，規範中央與地方權限的地制法本身又歷經多次修正，中央與地方看似磨合順暢的權限運作，卻常出現無法預期的權限爭議，以目前中央與地方運作情形，未來還是會有爭議浮上檯面，所謂經驗就是失敗的累積，前面發生之權限爭議，我們應該謹記，所謂「前事不忘，後事之師」，中央與地方權限爭議問題癥結為何？引起筆者好奇，也是筆者研究動機所在。

　　事實上，自地制法實施後，中央與直轄市即呈現劍拔弩張的互動關係，從行政機關運用規則報備與報准之爭，到權限爭議的憲政層次爭議，屢屢讓民眾瞠目結舌，所屬公務人員亦無所適從，甚而各為其主，相互對立。從民眾立場來看，六都相繼成立後應有其未來性，不論是中央層級還是直轄市層級，政府只有一個，持續相互對立下，政府施政無力，民眾不但看不到升格後的願景，權益更是受到戕害，筆者試著提出解決模式，供政府有關部門參考，此為筆者研究目的所在。

二、文獻探討

　　近年來研究中央與地方權限爭議的文獻，包括王毓正的「中央與地方政府立法權限爭議解決機制之研析——以自治法規之事前監督（核定）為中心」（2013：9）該文主要探討自

治法規經上級監督機關作成不予核定時，地方自治機關如何救濟？羅承宗的「鳥瞰後五都時代地方分權法制之困境」（2011：8）探討當前若干分權法制困境、中央法治專占問題、非五都縣市從「邊緣化」到「乞丐化」的憂慮及統籌分配款等問題。林向愷的「五都選後中央與　地方財政關係」（2011：6）探討建立一套較合理的財政權劃分制度，及強調建立一套溝通與爭端解決的協商機制。林文清等「我國中央與地方權限爭議解決機制之研究」（2010：11）該文以法治檢視探討，輔以里長延選個案，並與國外比較。李思慧的「中央與地方權限劃分之爭議與處置—以臺北市為例之分析」（2010）該文從權限劃分之相關規範之缺失與疏漏，探討「立法權」（權）與「財政權」（錢）。王迺宇的「中央與地方權限劃分與爭議」（2010：2）探討加拿大憲法聯邦與省之權限分配，並利用政治學中由伊頓斯（David Easton）所提出之系統分析模式分析。若針對「就業服務法」權限下放爭議之文獻，則包括辛炳隆主持研究之「就業服務業務中央與地方政府之權責分工及組織設計」（2012：12），該研究目的是配合行政院組織改造方向，針對就業服務業務，就中央與地方權責分工提出探討。林燦螢的「加強提升從業人員職能、發展勞動力以進行組織變革」（2011：9）該文嘗試從環境演變現象，討論用如何預應環境變化，就職能、就業力進行討論。李健鴻的「公共就業服務體系分權化的趨勢、挑戰與出路」（2011：7）主要以分權化做為探討主軸，提出對於臺灣公共就業服務體制分權化改造的可能的出路建議。藍科正等人的「就業服務法之改革研究」（2009：7），主要為借鏡外國的經驗，探索日本、德國、和美國的對應經驗，萃取可供

我國參考之處。本文雖與前述文獻均同探討中央與地方權限議題，但由於研究面向不同，且本文更著墨於六都成立後的未來性全面觀之，在中央與地方權限爭議問題上較易窺知全貌。

三、研究方法

本文研究主要以「文獻分析法」與「法制研究法」為主，文獻分析法針對以往類似議題探討的期刊、論文、專書、研究報告、新聞資料、政府新聞稿、大法官會議解釋等，蒐集分析，作為本研究之佐證。中央與地方政府間的權力規範，多以法規條文呈現，法制研究法探討法規範圍，包括權限劃分原則屬憲政層次的憲法、規範中央與地方的「地方制度法」、及引發中央權力下放爭議的「就業服務法」等，從法制分析裡了解，現有法律因應環境變遷是否已有無法適應之處，並找出解決的方式。

四、研究架構

本文以「垂直府際政治權限設計」中，有關單一國與聯邦國之分類作為學術探討論點，復以制度面及運作面二面向，檢驗五都與中央之權限及現行五都權限運作限制，輔以個案說明，最後以因應六都之權限作為，提出中央與地方延展性展望。說明如下：

（一）垂直府際政治權限設計：學者有關國體（forms of state）的分類，多界定為單一國與聯邦國，此種分類，源自各國國家體系中，中央與其他層級的地方政府單位聯繫方式，大致上可分為單一制（unitary systems）與聯邦制（federal systems）。

單一制國家權限設計採中央集權，聯邦制國家多採取地方分權制，中央與地方權限係來自憲法或法律之權力分配，各自擁有互不侵犯之權力。

（二）五都與中央之權限關係：因應直轄市陸續成立的地方自治環境，必須從制度面及運作面觀點基礎下，檢驗與中央的互動關係，始能深入探討進一步的府際合作。

（三）現行運作限制、個案探討：從制度及運作等面向探討現行府際運作限制，再輔以「個案」說明中央與地方權限爭議重點。

（四）因應六都之權限作為：最後以因應六都之構思，提出中央與地方延展性展望。

第二節　垂直府際政治權限設計

當代比較政治中有關國體（forms of state）的分類，多界定為單一國與聯邦國，此種分類，源自各國國家體系中，中央與其他層級的地方政府單位聯繫方式，依聯繫方法不同，大致上可分為單一制（unitary systems）與聯邦制（federal systems）。美國憲法明白列舉聯邦政府權限，將其餘未列明的都屬於各州政府或人民行使之。這種設計體現了立憲主義對全國性政府權力的疑慮，而對於運作上必然發生的聯邦與州之間的權力爭議，事實上仍由法院的司法審查（judicial review）加以解決。我國在憲政設計上，則依聯邦制度之上下垂直性權限劃分方式，設計中央與地方之府際關係，並以單一制度規範中央與地方實質法律關係，此亦為世界少見之憲政設計（紀俊臣，2003：17）。

其實，相較於聯邦制的州或較小政治實體，單一制有可能會賦予其地方單位更多權力，就以中國與印度為例，前者雖為單一制國家，但是「一國兩制」所容許的地方自治權限遠超過美國各州，而印度號稱聯邦國家，但是實際權力猶如中央集權制，故而單一制也可能以分權為特徵，聯邦制國家也可能以集權為其特徵。（Bennett,1990：30）此也說明，單一制和聯邦制有時難以區別，主因就在中央政府和地方單位都有某種聯繫存在。（彭懷恩,2009）

一、單一制國家政治權力

　　單一制國家地方政府權力來自中央授權，國家治權則集中於中央，地方政府為其派出機關，對於公眾事務處理，仍須由中央決定，故而單一制國家在權力設計上相當重視中央對地方之授權。由於單一制國家原有分類，不足說明現有單一國現況，故有學者更一步將單一制國家區分為「雙元制」（dual system）與「混合制」（fused system）兩種（Hague, 1998）。前者以英國為代表，地方政府運作與中央明確區分，部分自治權力不受中央指揮，此部分類似聯邦制，中央僅保有監督權力。後者則以法國為代表，貫徹中央集權，法國地方議會決議均需上級機關核准，地方執行機關更受制於中央的監控，中央依職位不同，可對地方首長分別作停職或免職的處分。「雙元制」與「混合制」區分如下表

表 5-1　　　Hague 的單一制國家分類

分類	代表國家	政務運作	自治權力
雙元制	英國	地方政府運作與中央政府行政系統明確區分	享有部分自治權力不受中央指揮 類似聯邦制
混合制	法國	貫徹中央集權	自治事項均需上級機關核准 無最後權力、並對地方首長有停職或免職之權力

資料來源：本文研究整理

　　單一制國家地方政府即便自中央取得權力，學理上，此種權力來源均係來自憲法或法律委託（delegation），此種「委託說」或稱「承認說」之論點，認為地方自治權力表現並非出自地方人民固有，而係國家自動讓出其部分權力於地方自治團體，學者紀俊臣將中央與地方權力分配關係以下圖表示

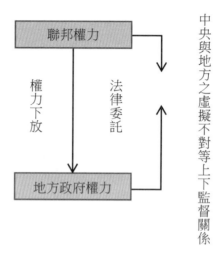

圖5-1 單一體制地方權力之形成
資料來源：紀俊臣〈2004a：114〉

　　地方自治團體基於中央委託執行以及中央依法授權，始享有權限，已如上圖呈現，然中央與地方權力究應如何劃分，除憲法已有原則性規範外，一般認為，立法與司法等直接具國權行使特性之權力，屬中央權力部分，即不屬地方自治團體所享有，部分立法與財經權限則應屬地方自治團體，依此，中央委託執行與依法授權須依下列原則進行：首因地方自治團體為國家之派出機關，國家對地方政府之授權僅採概括規範。其次，地方自治團體對轄區內事務無獨立決定權，其僅具執行事務性與功能性的轉承功能，是以，地方自治團體任務，亦僅為執行中央交辦或委辦事項。

二、聯邦制國家政治權力

聯邦制國家政治權力依其特性，分從地方政治權力受保障、政治權力動態關係及政治權力分配等面向述之。

（一）地方政治權力受保障

聯邦制度（fedaral　government）中央與地方關係多採取地方分權制，中央與地方權限係來自憲法或法律之權力分配，各自擁有互不侵犯之權力，地方政府權力受到憲法絕對保障（紀俊臣，1999：1-2）。此亦為主流學者觀點，即使挑戰不同觀點的研究聯邦主義的著名學者 Elazar，雖認為聯邦制不是「分權」（decentralized），但也認同因憲法條款的限制，使得中央政府無法隨時收回權力。（Elazar,1995）

（二）政治權力動態關係

由於聯邦制是建立在聯邦主義（federalism）觀念上，被視為「由全國性政府和州政府各自處理某部分公共政策的制度。」在主張中央政府與州政府分享主權的原則下，權力為中央政府和地方政府所瓜分。而聯邦主義在實踐上不斷面對中央政府與州政府持續不斷的權力分配衝突挑戰，也常處於各州政府間權力的矛盾與鬥爭中。早期，面對如此環境，美國發展出所謂的「雙元聯邦主義」（dual　federalism），即指「一種在各個領域中，國家和州都有特定權力的制度。」更深入言，中央與地方政府在聯邦制架構下，明確雙方行動的自主範疇（independent sphere），都有特定的權力，但是這種理想無法實踐，聯邦與各州政府必須互助合作，反而形成相互依存

（interdependence）關係。過去至今，對州與中央而言，權力相互變化，也相互重疊，二十世紀因經濟環境因素，中央財政力量增加，掌握資源分配的實權，形成「財政聯邦主義」〈fiscal federalism〉，削弱地方政府自主性，二戰後教育與社會福利等環境再變遷，使中央擴大對地方政府影響力，至 1980 年代後，美國出現所謂「州的復興」（the renaissance of state），即強化州的角色，削弱中央權力，直至 2001 年 9 月 11 日恐怖攻擊事件發生，在國家安全上，又開始強化中央權力，所以聯邦制國家權力可謂動態過程，隨著國內外環境變動[39]。美國聯邦制權力隨環境變化動態過程可由下圖顯示

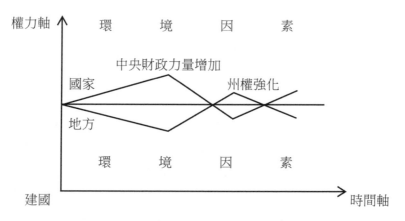

圖5-2 美國聯邦制國家與地方實務運作權力分配
資料來源：本研究繪製

---

[39]　除了經濟因素，美國聯邦權與州權的消長，亦取決於是否有影響美國本土安全的重大事件發生，諸如「恐怖攻擊」事件。

（三）政治權力分配

　　亦有論者謂聯邦制下，地方自治體經由法定程序取得國家權力的分配，此種權力分配認為聯邦權力來自各州或各邦之賦予，權力來源既為各州或各邦，屬各州或各邦的權力更為顯明，由於自治權係地方團體因歷史的自治傳統之發展而得到國家承認的權力，其屬於內發的性質，故稱「固有說」或稱「獨立說」。此說認為在未有國家之前，人民已有地方自治權，是一種順乎自然需要的活動，不需

　　要國家的授權，基於前述論點，學者紀俊臣就聯邦體制下地方分權法律關係及政治權力分配，以下圖表示

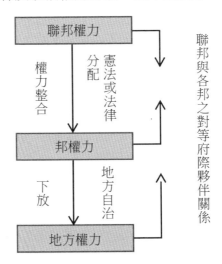

圖5-3 聯邦體制地方權力之分配
資料來源：紀俊臣〈2004a：114〉

　　另一種區分方式不僅適用於單一制，也常見於聯邦制國家，

是將中央權力下放分為下列三種：

　　1.派出制（deconcentration）：此方式僅將中央政府單位外派地方，讓中央政府公務員遠離首都，其優點在於將中央政府組織網廣布全國，可收直接吸收反映民意之效。

　　2.地方分權（decentralization）：此方式由地方政府負責制定及執行中央政府原有管轄事務。

　　3.地方自治（devolution）：此種方式為最徹底的權力下放，政策權力由中央完全下放地方，地方亦擁有某程度的立法權。

表 5-2　　中央向地方分權方式

方式	定義	例子
派出制	中央政府任命派出地方官員，由他們執行權力。	在美國約有 90% 的聯邦文官都遠離華盛頓，派駐在各州執行公務。
地方分權	下層政府擁有一些原為中央政府的職權。	在北歐，全國福利政策由地方政府計劃與執行。
地方自治	中央政府將某些決策自治權分予下層政府。	法國、義大利、西班牙的地方政府。

資料來源：侍建宇（2001：358）

第三節　我國五都與中央之權限關係

　　包括從憲政設計下之權限關係、地方制度法下的權限關係、行政院組織法修正後之影響及從權限運作之限制等面向析述之。

一、憲政設計下之權限關係

　　我國憲法有關中央與地方權限劃分，主要以均權為劃分原則[40]，第一百十一條則另規範以事務性質為劃分標準，此條文規範均權劃分之原則，亦為未列舉事項發生時之輔助原則[41]。至於憲法列舉事項包括中央立法並執行之事項、或交由省縣執行之事項及省於不牴觸國家法律內，得制定單行法規、省與縣各自立法並執行之自治事項及前項各款，有涉及二縣以上者得由有關各縣共同辦理等[42]。前述規範之省轄市及縣相關事務，即可窺知憲法承認省縣具一定範圍內之立法權[43]。憲法並在第十章承認直轄市之設置，且同時規範中央與地方之關係。

　　至於直轄市與中央如同聯邦與州之法律關係，且運作為分治而非管制，主要在說明直轄市所具有之獨立自主性相當於州，如此地方與中央能延用聯邦制度之分權原理，則地方與中央係

---

[40]　參見憲法第一百十一條，此種以事務性質為劃分基準，也就是我們理論上所說的「均權主義」。

[41]　同上註，一百十一條規範事項是除了第一百零七條、第一百零八條、第一百零九條及第一百十條之列舉事項外。

[42]　參見憲法一百零七條至一百十條。

[43]　根據紀俊臣等說法，我國憲法中央與地方權限劃分精神，係根源於固有權說或制度保障說之理論設計，其有聯邦制度之地方自治影子。參見紀俊臣等，《臺北市與中央關係之研究》，2003：15。

分工而不共治，其主要任務即在於國家公共政策之制定，雙方
關係絕非管制而係分工（紀俊臣等，2003：17-18）。

　　針對中央與地方權限有關經費負擔部分，大法官曾於釋字
第五五〇號解釋，法律之實施須由地方負擔經費者，於制定過
程中應與地方政府充分之參與。行政主管機關於草擬階段即應
與地方政府協商，主要在避免有片面決策可能造成之不合理情
形，此一解釋，使中央與地方權限互動關係邁進一步，與地方
政府協商，及與地方政府充分參與之機制，皆非以往高高在上
的集權運作所可比擬，而地方政府更應就其權益做出必要的維
護。

二、地方制度法下的權限關係

　　地方制度法於 1999 年 1 月 25 日制定實施，可說是我國憲
政史上有關地方自治的里程碑，然而，我國地方制度法承襲大
陸法的傳統，中央與地方的關係仍以行政監督為中心（張正修，
2003b：60-62）。該法規範直轄市與中央互動關係主要有涉及
自治權限處理、直轄市違背法律之處理、依法應作為而不作為
之處理、中央與直轄市、縣（市）間，權限遇有爭議時，由立
法院院會議決之、直轄市長由中央停止職務事由、解除職權或
職務原因、直轄市長因故不能或不執行職務之處理、中央派員
代理等多項互動關係[44]。

　　憲法規範的中央與地方監督關係，主要在於「自治事項」

---

[44]　參見地方制度法二十二、七十五至八十及八十二條等。

及「委辦事項」之區別，兩者差異顯現在法律效果上[45]，直轄市政府辦理自治事項違背憲法、法律或基於法律授權之法規者，由中央各該主管機關報行政院予以撤銷、變更、廢止或停止其執行。亦即當其屬適當性作為時，中央即不得行使行政監督權。但若辦理委辦事項違背憲法、法律、中央法令或逾越權限者，則由中央各該主管機關報行政院予以撤銷、變更、廢止或停止其執行。前述兩種不同性質違背法律之結果，可觀之中央對直轄市監督差異之處，就在於地方自治體和地方行政體之分。地方自治體具有完整自治權，中央對地方行使各該自治權限，僅有合法性之行政監督權。然地方政府執行中央委辦事項，原有自治體特性已無，僅係行政體而不具自治權，中央對地方即兼有合法性監督權與適當性監督權（詳如表4-1）。

表 5-3　　自治事項與委辦事項差異

事務屬性	自治事項	委辦事項
違背法律結果	由中央撤銷、變更、廢止或停止其執行	由中央撤銷、變更、廢止或停止其執行。
地位區分	地方自治體	地方行政體
監督性質	合法性監督	合法性與適當性監督

資料來源：本文研究整理

45　參見憲法七十五條。此即為地方自治體（local autonomous body）與地方行政體（local administrative）之中央監督區別。

三、行政院組織法修正後之影響

行政院組織改造（以下簡稱政府組改），在行政院組織法、中央行政機關組織基準法、行政院功能業務與組織調整暫行條例、中央政府機關總員額法及行政法人法等組織改造五法陸續於 2010 年 1 月及 2011 年 4 月間完成立法，行政院組織架構由 37 個部會精簡為 29 個機關，分為 14 部 8 會 3 獨立機關 1 行 1 院 2 個總處，並自 2012 年 1 月 1 日開始施行。政府組改自 76 年推動以來，歷經二十餘年，部會及所屬組織法案完成立法進度超過 65％，該法修正重點如下[46]

1、明定行政院下設之部及委員會。（修正條文第三、四條）

（1）增強「傳統八部」核心職能：設內政部、外交部、國防部、財政部、教育部、法務部、經濟及能源部、交通及建設部。

（2）因應新興業務需求，新增六部：設勞動部、農業部、衛生福利部、環境資源部、文化部、科技部。

（3）強化「八會」政策協調統合能力：設國家發展委員會、大陸委員會、金融監督管理委員會、海洋委員會、僑務委員會、國軍退除役官兵輔導委員會、原住民族委員會、客家委員會。

2、行政院因應性質特殊業務，設附屬之機關（構）。（修正條文第六條至第八條）

（1）為襄助院長落實預算及會計管理、公務人力政策及管理，於行政院下設行政院主計總處及行政院人事行政總處。

---

[46]　參見行政院官網：2013 行政院組織法制定及修正經過一覽表。

（2）因應性質特殊業務，行政院設中央銀行及國立故宮博物院。

3、明定行政院設獨立機關（修正條文第九條）：設中央選舉委員會、公平交易委員會、國家通訊傳播委員會

4、提升「行政院院本部」政策規劃量能，重新檢討「行政院院本部」組織設計：（修正條文第五條、第十二條）

（1）為因應政務需要，強化行政院政策協調、統合功能，將政務委員人數由現制五人至七人修正為七人至九人。

（2）鑑於行政院政務日趨繁重，行政院副秘書長由現制一人修正為二人，其中一人職務比照簡任第十四職等，襄助秘書長處理行政院幕僚事務；另明定行政院置發言人，為政務職務，處理新聞發布及聯繫事項。

行政院組織法修正重點、修正前後部會對照，詳如表 4-2

表 5-4　　行政院組織法修正重點及部會對照表

條文	修正重點	修正後部會	原有部會
第三條	明定行政院下設之部。 1.增強「傳統八部」核心職能 2.因應新興業務需求，新增六部。	14 部： 內政部、外交部、國防部、財政部、教育部、法務部、經濟及能源部、交通及建設部、勞動部、農業部、衛生福利部、環境資源部、文化部、科技部	8 部： 內政部、外交部、國防部、財政部、教育部、法務部、經濟部、交通部
第四條	明定行政院下設之委員會。強化「八會」政策協調統合能力。	8 會：國家發展委員會、大陸委員會、金融監督管理委員會、海洋委員會、僑務委員會、國軍退除役官	2 會： 蒙藏委員會、僑務委員會

		兵輔導委員會、原住 民族委員會、客家委 員會。	
第 六 條 至 第 八 條	行政院因應性質特殊 業務,設附屬之機關 (構)。 1.為襄助院長落實預 算及會計管理、公務 人力政策及管理。 2.因應性質特殊業 務。	1.行政院主計總處及 行政院人事行政總 處。 2.中央銀行及國立故 宮博物院。	1處: 主計處 1局: 新聞局
第 九 條	明定行政院設獨立機 關	獨立機關: 中央選舉 委員會、公平交易委 員會、國家通訊傳播 委員會	
第 五 條 、 第 十 二 條	提升「行政院院本部」 政策規劃量能,重新 檢討「行政院院本部」 組織設計。 1. 為因應政務需 要,強化行政院政策 協調、統合功能,將 政務委員人數調整。 2. 鑑於行政院政務 日趨繁重,行政院副 秘書長人數調整。 3. 明定行政院置 發言人,為政務職 務,處理新聞發布及 聯繫事項。	政務委員人數七人至 九人。 副秘書長二人。 行政院發言人一人。	

資料來源:本文研究整理。

　　由於中央依據組織法修正後新增之部會,依其權力屬性為原有自治事項或委託事項,與地方原有垂直面之業務執行、新

增業務之推動及監督關係等，都須依細部規定來規範。值此新關係規範時刻，2010 年 12 月 25 日，新北市、台中市、台南市三個直轄市誕生[47]，連同高雄縣市合併的高雄市，再加上準直轄市-桃園縣，亦將於 2014 年 12 月 25 日升格，屆時連同台北市在內，台灣的政治生態已因六都相繼成立，而形成劇烈改變的新政治生態，中央因應組織法修正後與直轄市財政、人事及業務權責上的碰撞無可避免，無論在地方發展、對中央角色的扮演、中央與地方的府際關係等，都呈現嶄新局面。

　　中央雖於 2001 年行政院主辦的「全國行政革新會議」當中，對於當前中央與地方關係之改進，提出有關落實中央與地方夥伴關係之運作模式、釐清地方自治權限之權責分際，……增進更佳的治理需要地方策略夥伴關係[48]等方向，惟因應直轄市陸續成立的地方自治環境，必須從制度面及運作面觀點基礎下，檢驗與中央的互動關係，始能深入探討進一步的府際合作。經由台北、高雄二直轄市升格多年後與中央互動時生摩擦情形觀之，並未能跳脫運作的困境與侷限性，此更凸顯中央與地方現行實務運作的扞格不入。

四、制度面觀點

　　制度面觀點將以資源配置問題及不對稱的權力關係等二部分析述之。

---

[47]　源自於國土空間發展策略計畫，行政院 2010 年 2 月 22 日院臺建字第 0990002926 號函核定通過。

[48]　參見行政院研考會 2001 年全國行政革新會議議題報告。臺北：行政院研究發展考核委員會。

（一）資源配置問題

現行中央與地方資源配置爭議，就以「財政收支劃分法」為最，常造成地方對中央之抱怨與不滿，亦衍生北、高二市陸續以拒繳補助費作為維護既有財源及支出結構的合理選擇。地方期待升格以後能有更多財政資源挹注地方建設，讓地方財政更好，可以因為財政收支的改變、權力、錢下放地方，讓地方的財政獲得更好的改善，然而，中央對有關權力下放議題仍會有所顧忌

以財政收支劃分法而言，該法提及之中央統籌分配稅款與一般性補助款係按相關指標權重，以公式化方式分配予各地方政府，至計畫型補助款，則由中央各機關負責編列。「財政為庶務之母」，財源偏低自會影響地方財政，而財政爭議源自中央與地方看法不同，引發地方認為中央本位主義心態，不重視地方分權之議，而對於課稅權之設計、造成地方財政困窘因素、統籌分配稅款與補助款本身問題與爭議等，隨著六個直轄市的先後成立，直轄市長為彰顯其施政特色，定會更積極提出中央應再擴大釋出財源之訴求，舉凡爭取統籌分配稅款等有關財政議題，在地方勢力持續抬頭下，爭議情勢只會加劇不會減少，是以，資源配置公平化，建立正確之財政分配理念，才能使地方與中央相互兼顧的解決財政權之衝突。

（二）不對稱的權力關係

有學者認為，國家與地方自治團體系行使統治權（ruling power），二者性質相同，均係公法人，且屬對等地位，主因在台灣的重要法制，如刑法、地制法、行政程序法等，均肯認定

國家和地方自治團體在行使公權力處於對等地位〈紀俊臣，2013：11〉，前述為在行使公權力時處於對等地位，惟就法理上也有主張國家和地方自治團體是處在不對等地位，會有此種不對等觀點，無非是中央長期的父權心態家長式領導現象（paternalistic leadership）使然（Farh＆Cheng,2000）。

　　這種不對稱權力也包括在「資訊不對稱」（information asymmetry）上，各地方政府並不清楚中央政府是否依照地方政府的利益運作，此種存於中央政府與地方政府間衝突的因素，也提供了地方政府間相互協調的需要，而政府機構由於長期處於監督者角色，在業務上又常指導地方政府，使心理層面上無法形成中央與地方夥伴關係，此種中央與地方上長期互動埋下的父權主義衝突的結構性因素，主要原因在於中央集權控制的意識形態（李長晏，1999：89-91）。

五、運作面觀點

　　運作面觀點分從權限劃分思維限制、缺乏跨部門及區域整合協調性機制等面向析述如下：

（一）權限劃分思維限制

　　我國府際管理結構性的困境乃因中央與地方的關係還是屬於單一國偏向中央集權的關係結構，地方政府自治權力與能力仍然十分薄弱（趙永茂，2003：55），單一制國家地方政府權力來自中央授權，國家治權則集中於中央，地方政府為其派出機關，公眾事務仍須由中央決定，若以均權理論權限劃分方式，仍須框限於中央集權為主軸的觀點下，雖有地方制度法的

搭配，使直轄市首長自治權增加，但也僅限由中央制定之遊戲規範下進行。故而，我國地方自治在中央與地方權限劃分的觀念上，主要仍建立在「憲政主義」、「地方層級結構」、「單一性」、「事務本質的思維」以及「權力與資源分配」等傳統架構或思維中，而忽略直轄市的特性，在全球化觀點下，直轄市治理動見觀瞻，並有帶領其他縣市的領頭作用，成為台灣與國際接軌的重要櫥窗。面對國際環境下，權限劃分若不考量此等因素，將會讓直轄市跟不上國際的變化，故而，五直轄市的業務與權責應於一定程度大於縣市，亦即相較於縣市而言，中央應對五直轄市進行業務與權限的進一步下放（蕭全政，2011：249）。若進一步探討權力劃分本質，中央與地方權力分立，雖是民主政治權力劃分重要原則，但是權力分立畢竟僅為手段而已，無論政治體制屬單一制或是聯邦制，民主國家複雜分權體制，是為防止中央或地方任一方高度集權或濫權（張千帆，2008）。

（二）缺乏跨部門及區域整合協調性機制

　　公共議題的解決，常涉及複雜因素，需大量人力、財力，否則難以成就，不論是政府「政策統合」（policy cohesion）的執行問題，還是各級政府應該培養管理者成為「跨域協調者」（boundary spanners），以改善政府的表現與回應力（responsiveness），地方和中央只要處理，就須相互整合資源予以解決，而誘因機制是在推動跨域合作時所必須考慮的，中央政府都可透過經費支持、政策支持、法令支持等方式彌補治理主體缺位的問題，發揮引導、調控、規劃中央的角色功能及新直轄市與周邊縣市的區域整合等（李長晏，2011）。再以水

庫水資源為例，由於水域面積廣，地域位置跨多鄉鎮，水體更流經不同縣市，集水區與水域負責單位又橫跨中央的農、林、環境資源、集水區治理、自來水事業機構及地方的管理單位等，執行權責分散化〈fragmentation〉，造成多頭馬車管理現象，在中央與地方關係仍朝單一制國家傾斜時，就難朝府際合作的機制與模式前進，結果將導致管理成效不彰。

第四節　垂直府際權限下放爭議的「就業服務法」個案

從理論、權限及運作限制探討中央與地方權限問題之後，此節將以個案觀諸實際運作現況，筆者以五都爭取的「就業服務法」〈以下簡稱就服法〉權限下放，作為個案探討，之所以選此個案，在於個案牽涉五都及未來的準直轄市-桃園，且個案仍在持續發展，爭議未有停歇跡象。

我國「就業服務法」（簡稱就服法）於 1992 年 5 月 8 日公布，共有總則、政府就業服務、促進就業、民間就業服務、外國人之聘僱與管理、罰則、附則等 7 章、84 條條文。由於該法有關「就業服務」與「勞動檢查」之業務，直接與民眾謀生權益有關，也最容易凸顯四年施政成效，成為直轄市長向中央爭取主導權之標的。

一、過程

行政院秘書長林中森曾於五直轄市選舉前表示，縣市合併升格後，新直轄市政府必須概括承受原本縣市政府的債務；中

央將把「錢」與「權」下放地方，並公平合理分配「財政統籌
分配稅款」及「地方補助款」，避免對其他縣市產生排擠等負
面影響[49]。惟五都選後，前述行政院講法並未兌現，就連五直
轄市政府積極爭取的就服法權限下放，都可能面臨收回命運。
就服法內容有關「就業服務」與「勞動檢查」二項主導權，新
的三都希望比照北、高二都由中央下放，但是勞委會一反行政
院秘書長先前態度，擔心五都步調不一，或增加未來中央與各
地協調業務的困難度，目前未打算釋權，不但不同意其他三都
比照北、高二市，還有意修法，朝「體系一元化，服務地方化」
的方向研擬[50]，將原本下放北、高兩市的主導權全部收回，造
成五都嚴重反彈，幾次會議都不歡而散[51]。

（一）就業服務主導權

　　目前就業服務業務，主要採中央勞工委員會及北、高兩市
「雙軌制」進行，勞工政策由勞委會職訓局訂定，職訓局也有
五大就服中心執行業務，但是北、高兩市可自設公立就業服務
中心，除了可進行公司行號徵才活動外，還可辦理失業給付認
定、外勞國內求才、企業僱用獎助等業務，等於中央政府辦理
之業務，北、高都可以辦理。

　　新北市等三都自升格為直轄市後，都要求比照北、高兩直
轄市，自設公立就業服務中心，將「就業服務」地方化，未料

49　參見聯合報，2010.11.28。
50　參見行政院勞委會，2011，《就業服務體系之中央與地方分工，應以民眾利
　　益為優先考量》，新聞稿，1.28。
51　參見聯合晚報，2011.2.24。中國時報，2010.2.25。台灣時報，2010.2.25。

原先行政院秘書長的對外發言，並未得到主管機關勞委會的認可。勞委會認為因應五都改制後，中央與地方政府辦理就業服務權責分工的問題，因此在考量「實施完全地方分權化，可能導致各地方之就業服務不平衡現象」、「縣市之間勞動力具有高度移轉性，服務體系不宜過於切割分散」、「縣市間給付行政核發標準不一致時，恐影響民眾請領津貼之權益」、「面臨就業市場重大變化時，由中央統籌運用就服資源可即時提出緊急因應措施」、「參考先進國家就業服務體制，大多逐步發展為由中央政府統籌運用就業服務資源」等因素下，建議以就業服務「體系一元化」、「服務在地化」作為未來業務劃分之原則[52]。據此，勞委會擔心就業服務地方化後，可能造成就業服務過度切割，甚至出現請領失業給付標準不一爭議，因此不但反對其他三都自辦就業服務，為免五都步調不一，勞委會還決定修法，將就業服務主導權全部收歸中央，等於將北、高主導權也一併收回。

　　勞委會於五都改制後亦曾於 2011 年 1 月 28 日日邀集包括北、高二都及其他新改制的三都政府，研商中央與地方政府就業服務業務分工之原則，會中勞委會與五都政府廣泛交換意見，惟各有立場未獲共識。

（二）勞動檢查主導權

　　至於「勞動檢查」業務也是其他三都爭取比照北、高兩市的重點，由於過往也是勞委會、北、高兩市共同合作辦理，其

52　同註 6。

中北、高兩市人力、設備都可自辦勞動條件、安全衛生檢查，近來同樣面臨其他三都爭取主導權局面，但是三都也表明沒有人力，希望直接由勞委會移撥人力，勞委會同樣以前述理由「體系一元化」、「服務在地化」作為未來業務劃分之原則。

二、現行權責分工

包括主管機關、主管業務及公立就業服務機構之設置等規範述之如下：

（一）主管機關與主管業務（就服法第六條）

1.主管機關

本法所稱主管機關：在中央為行政院勞工委員會；在直轄市為直轄市政府。

2.主管業務

中央主管機關掌理事項如下：

（1）全國性國民就業政策、法令、計畫及方案之訂定。

（2）全國性就業市場資訊之提供。

（3）就業服務作業基準之訂定。

（4）全國就業服務業務之督導、協調及考核。

（5）雇主申請聘僱外國人之許可及管理。

（6）辦理下列仲介業務之私立就業服務機構之許可、停業及廢止許可：

【1】仲介外國人至中華民國境內工作。

【2】仲介香港或澳門居民、大陸地區人民至臺灣地區工作。

【3】仲介本國人至臺灣地區以外之地區工作。

（7）其他有關全國性之國民就業服務及促進就業事項。

直轄市、縣（市）主管機關掌理事項如下：

（1）就業歧視之認定。

（2）外國人在中華民國境內工作之管理及檢查。

（3）仲介本國人在國內工作之私立就業服務機構之許可、停業及廢止許可。

（4）前項第六款及前款以外私立就業服務機構之管理。

（5）其他有關國民就業服務之配合事項。

（二）公立就業服務機構之設置（第十二條）

主管機關得視業務需要，在各地設置公立就業服務機構。

（三）委任或委託辦理（第三十三條之一）

中央主管機關得將其於本法所定之就業服務及促進就業掌理事項，委任所屬就業服務機構或職業訓練機構、委辦直轄市、縣（市）主管機關或委託相關機關（構）、團體辦理之。

三、發現取向

（一）思維上的改變

在地制法實施後，直轄市權利義務增加，增加義務當然權力也應伴隨，以權力分配模式而言，較可行的方式，為地方分權（decentralization），此方式由地方政府負責制定及執行中央政府原有管轄事務。至於地方自治（devolution），此種方式為

最徹底的權力下放，政策權力由中央完全下放地方，地方亦擁有某程度的立法權。然而，環視目前環境，此種方式似不可為，即使以地方分權作為權限劃分模式，中央似仍無法大開大闔的改變思維，影響地方分權的執行效果。

（二）現行權限劃分「直轄市與中央均可設置就服機構」

　　直轄市政府希望在地方制度法實施後，中央政府能將就業服務法分權化，將有關公立就業服務機構的資源，包括經費、人力、設備等，都由直轄市接手。若依現行就業服務法規定，中央主管機關定位為政策決定、作業基準訂定、全國性就業資訊之提供、就服業務之監督等，至於爭議點之一的「就業服務」，有關中央與地方權責分工裡，直轄市與中央均可設立公立就業服務機構（就服法第六、十二條），目前公立就服機構即有中央政府與地方政府者兩種，實務上地方政府設置，尚可提供較有彈性地就服措施，故而直轄市權責應無疑義。

（三）三都雖升格為直轄市卻與現行權限劃分不符

　　現行「就業服務」第六條規定，全國性的政策方案計畫、資訊提供、制度規範與監督考核等規範，屬中央主管機關執掌，但對於實際就業服務的提供究竟由中央或地方政府來執行，並未在條文中有明確規範。目前是採中央的勞委會與地方北、高兩市都可辦理的「雙軌制」，北、高兩市可自設公立就業服務中心，辦理失業給付認定、外勞國內求才、一般徵才活動等業務。升格直轄市的新北市、台中市、台南市及準直轄市桃園縣亦要求比照北、高辦理，但中央政府不願下放權力，甚而反提出「要收回台北市的失業給付認定業務」，引起五都及準直轄

市桃園縣的強烈不滿，五都直轄市政府紛紛向勞委會提出「公共就業服務體系擴大分權」的要求，更加凸顯出有必要積極釐清中央政府及地方政府在公共就業服務體系中應扮演的角色及業務項目之分工，以建構合宜分工合作的公共就業服務體制（辛炳隆，2012：30-38）。中央似擔心若把失業給付認定的業務移撥給直轄市辦理，屆時勞委會的人與經費將大量下放地方，因而不願下放權力，此種國家和地方自治團體處在不對等地位觀點，無非是中央長期的父權心態家長式領導現象（paternalistic leadership）使然，若中央執意修法將「就業服務」主導權完全收回，恐與地制法精神相違背，又會埋下直轄市與中央互動爭議的伏筆，徒增憲政爭議。

（四）因應環境重新思考就服法現行制度

至於本案另一癥結問題在於「委辦事項」，依法中央主管機關可委辦給直轄市主管機關辦理就業服務（就服法三十三條之一），此一原則在於中央主管機關之授權，而實務上此項業務也有部分委辦給地方政府，地制法實施後，直轄市的冀求，依現行法規及實際運作經驗，只要中央點頭即可。惟在單一制國家中央集權思維下，要將權、錢、甚而人才下放地方，談何容易。除此，就服法此一原則性的簡要規範，學者亦提出深入看法及補充，包括學者辛炳隆認為，失業給付之核付權限最終仍由勞工保險局負責，各地之就服站只負擔受理及最初步之形式審查工作後轉送勞保局繼辦，並無准駁之權，失業認定可考慮應否維持目前的中央化，以及應否維持目前公立就業服務機構認定的作法（辛炳隆 2005）。

　　當台北縣、台中縣市、台南縣市、高雄縣市都同時升格，再加上準直轄市桃園縣，「六都直轄市」的地方自治體制形成，挾著超過台灣百分之七十五，四分之三的人口，其共同發聲的後續影響不得不令中央重視，其公立就業服務機構似都可比照目前的北高兩市，勞委會職訓局的公立就業服務機構轄區將大幅縮小，五個公立就業服務中心的角色將有所變革；為促進各地公立就業服務機構的齊一標準和高效率，就服法除了需重行思考是否維持現行制度外，中央及直轄市在公共就業服務體系中各自的角色、業務項目等，均有必要分工釐清，以因應環境變遷下，合宜的建構公共就業服務體制。

第五節　研究發現與建議

　　本文經研究後提出研究發現與研究建議如下：

一、研究發現

　　直轄市展現之軟、硬實力，有大量吸引外國資金和技術的條件，不論是吸引跨國企業設立企業區域營運總部發展、或是積極開拓服務貿易、抑或是「創意設計之都」之規劃，都是立基在直轄市本身條件上，由「就業服務法」實施後引發新北市、台中市、台南市及準直轄市桃園縣不滿，紛紛嗆聲中央來看，中央在實務面上並未賦予直轄市適當的自主權限，自地制法實施後，直轄市權利義務增加，一直存在著中央與地方間的權限爭議，就以「就服法」而言，對中央下放某些權利，並未違背規範，且只是比照北、高二市標準，中央卻仍有其他想法，至

爭議不斷，頻上媒體版面，徒增人民笑柄。經由前述各節理論與實務探索，中央與地方間之權限運作並非不能解決，端看主導權一方的態度，因應六都形成，筆者試著提出以下幾個不同層次方向，作為本文建議，亦供爭議解決之參考。

二、研究建議

（一）改變思維提升國家競爭力

首先，升格直轄市，就在推動北、中、南三大都會區的整體發展，其概念即在提升國家競爭力，中央在提供資源、協助發展過程中，都扮演具關鍵性推動力量，此種主導性角色性質在輔助直轄市，豐富了對外競爭資源，使台灣在世界經濟競爭中，處於較好位置。2014 年底六都形成後，相較於其他縣市，將在各自都會區域形成火車頭典範，若中央將六都仍視為二級治理中的下級單位，如何期待直轄市主動肩負世界經濟競爭功能，若升格直轄市只是分擔中央交辦事項，隨著義務增加，相應的權、錢卻須靠中央的垂愛，如何期待直轄市施展提升國際競爭力的施政作為，故而中央單一國治理的思維應予改變，才能因應世界經濟環境的競爭。

（二）地方參與政策制定

中央擬訂政策計劃可能影響地方政府權益時，應符合大法官會議五五０號解釋「法律之實施須由地方負擔經費者，於制定過程中應予地方政府充分之參與」之意旨。此種政治環境的急遽變化，與地制法實施暨直轄市地位提升、直轄市長影響力不同以往等有關，大法官該號解釋讓地方政府充分參與，雖僅

針對「須由地方負擔經費者」，但衡諸環境變化，大法官該項
解釋有拋磚引玉功能，尤以未來六都之定位，國人與施政者本
就有更前瞻的期許，學者多倡議五都或六都區域治理，行政院
2010 年核定之「國土空間發展策略計劃」，亦提及因直轄市形
成的「城市生活圈」，這種區域治理影響空間及人口層面只會
較諸以往更廣，直轄市若不參與決策形成，如何能圓滿達成，
何況空間發展策略有關之「全球在地化的特色」也與在地直轄
市施政息息相關，由此可觀之，中央在制定與直轄市相關政策
上，應讓直轄市充分參與，提供意見。

（三）以「治理標的」為導向的協力合作

　　中央與地方的關係，不論權限分配、爭議處理，都須以功
能性考量，也就是以公部門推動及執行效率為主要考量，各直
轄市前瞻性業務多需中央關注眼神，而前瞻性業務又常涉跨縣
市之跨區域問題，非直轄市一己之力能為，除賴直轄市與其他
地方政府間之合作，也需中央出面調和。不論政策性質歸由中
央制訂或歸屬直轄市權責，當面臨全球化、自由化競爭下，國
內經濟環境隨著國際情勢影響變化快速，此刻政府面對的不再
是單純的公共政策問題，即使垂直府際分立現象下的政黨對立
問題獲得紓解，甚或傳統的權限爭議獲得解決，中央與地方力
量未整合下仍無法揮灑施政。所謂以「治理標的」為導向的夥
伴關係，是在運作上以「協力」方式，即中央與地方機關的協
力運作，在全球化競爭挑戰下六都形成，民眾對政經發展的願
景期待，使直轄市亦應扮演分擔「推動者」角色，應有更大權
限得以自為特定發展政策；同時，直轄市應有能力與中央各部

會進行政策協調，以達成直轄市跨中央、地方與跨部會的「全觀型」（holistic）或宏觀的政策制定與規劃（彭錦鵬，2005：71-99）。如此，始能共同達成與中央協力運作目的，也完成計畫之目標。故而在夥伴關係基礎上，即以「施政項目」或「施政計畫」做為「治理」基礎，調和中央與地方政府間的地位落差，不再侷限中央與地方差異關係上，此種功能性的協力運作夥伴關係，也不再是形而上之的抽象關係，而是建立在「施政項目」與「施政計畫」的「治理標的」上，在雙方原有資訊、人力、設施及經費等資源能共同分享下，最後創造「雙贏」成果。

（四）謹守委辦精神尊重直轄市自治

　　中央雖依地制法規範可將委辦事項交由地方處理，卻不代表中央可對直轄市自治事項進行行政干預，除非執行「自治事項」違背法律及執行「委辦事項」違背法律之兩種結果，依據地方制度法規範第二條第三款規定「地方自治團體依法律、上級法規或規章規定，在上級政府指揮監督下，執行上級政府交付辦理之非屬該團體事務，而負其行政執行責任之事項。」是以，中央委辦事項範圍，並非由中央自行認定而毫無限制，須依據法律、法規或規章規定，畢竟直轄市已屬公法人，依地方制度法精神，賦予直轄市自治，若無限制執行中央無止境的委辦業務，將妨礙直轄市自治權之行使，故無法律授權，直轄市可拒絕中央之委辦業務。若以此觀點，中央不再能交付不對等的行政行為，以往單一制國家中央獨大觀點即應修正。雖然夥伴機制結構鬆散並涵蓋各種關係，但也只有對等的夥伴方式，

才能夠驅動政策利害關係人一同解決問題（OECD,2001:18; Greer, 2001: 6,14），故而高高在上行之多年的行政行為規範，要完全改變，值此面臨六都形成之嶄新局面，中央心態與身段上都必須柔軟而形成真誠的「夥伴關係」，否則直轄市面臨轄區民意，不再逆來順受，甚或六都竟有過半形成垂直府際分立政府現象，則中央與地方互動爭議機率將持續增加，屆時直轄市與中央均將面臨失政困窘而深受分裂之害。

一、中文參考書目

李長晏，1999，《我國中央與地方府際關係分析：英國經驗之學習》。國立政治

大學公共行政學系博士論文。

李長晏（2011），《區域發展與跨域治理先期規劃》。台北：行政院研究發展考核委員會。

辛炳隆，2005，《強化我國職訓體系之研究〉，行政院經建會。

辛炳隆等，2012，《就業服務業務中央與地方政府之權責分工及組織設計》，由委託研究單位行政院研究發展考核委員會，委託社團法人台灣勞動與社會政策研究協會研究。

紀俊臣，1999，《精省與新地方制度》。台北：元照出版公司。

紀俊臣等，2003，《臺北市與中央關係之研究》。台北：臺北市研究發展考核委員會。

紀俊臣，2004a，《地方政府與地方制度法》。台北：元照出版公司。

紀俊臣，2013，《垂直府際關係之建構：政府組改與六督成立後組織生態分析》，中國地方自治，4-19。

張正修，2003b　地方制度法理論與實用（2）：本論（Ｉ）。臺北：學林文化。

張千帆，2008，《主權與分權-中央與地方關係的基本理論〉。中研院法學期刊，3，55-113。

彭錦鵬（2005）。〈全觀型治理─理論與制度化策略〉，《政治科學論叢》，23: 71-100。

彭懷恩，2009，《1949－2009 台灣政治發展》。台北：風雲論
　　壇出版社。

趙永茂，2003，《台灣府際關係與跨域管理的發展策略與途徑》，
　　兩岸地方政府管理比較研究研討會論文集。東海大學政
　　治系主辦。

蕭全政等，2011，《縣市改制為直轄市後中央與地方業務功能
　　調整之研究》，行政院研考會委託財團法人國家政策研
　　究基金會研究。

二、英文參考書目

Bennett,Robert J.1990.Decentralization,Local Government,,and Markets：Towards a post-Welfare Agenda.Oxford：Clarendon Press.

Elazar, D. J. (1995). "Federalism." In Seymour Martin Lipset (ed.), The Encyclopedia of

Democracy (pp. 474-82). London: Routledge.

Farh,J,L.〈樊景立〉, &Cheng,B,S.〈鄭伯壎〉〈2000〉.A cultural analysis of paternalistic ledership in Chinese organizations. In J.T.Li.,A.S.Tsui, &E.Weldon〈Eds〉,Management and organizations in the Chinese context .London：Macmillan.

Hague, Rod. 1998. Comparative Government and Politics: An Introduction. Macmillan Press.

OECD,（2001）. Local Partnerships for Better Governance, Paris: OECD

海格、哈勒府、布斯林〈Rod Hague,Martin Harrop & Shaun Breslin〉著：Comparative government and politics：an introduction,侍建宇編譯：比較政府與政治〈台北：五南圖書出版公司,2001 出版〉。

第六章 結論

　　自地方制度法實施後，直轄市政府重要性日益顯現，而在六都陸續升格後其政治性更是如預期般地發展，從早期戒嚴前的水庫興建政策探討，窺知直轄市現今治理的角色轉換，到近期就業服務權限爭議等，可觀之經由不斷的環境變遷，直轄市與中央的公共事務治理，似已體會箇中互動精隨，然而不可諱言仍欠缺成熟度，府際互動仍有段長路要走。經由前述多個案及單一個案的分析，有以下的研究發現與建議：

第一節　研究發現

　　包括環境改變影響、未依循法治精神、應變措施欠明快及權責相符機制欠缺等：

一、環境改變影響

　　環境因素如同結構般影響政府治理，尤其在台灣，甚至成為主要變數，從個案中發現，環境影響包括政府解嚴、政黨分立及六都的陸續成立等，使得公共治理在面臨到環境的轉換後，

必須有較前不一樣的治理思維，例如若需興建水庫始能解決民生與工業用水，在環保意識高漲的台灣，是否一定要興建動輒上億噸的大型水庫，即為環境變遷下水資源治理的另一思考面向。

二、未依循法治精神

地方水利事業依憲政精神，應責由地方處理，而直轄市的公營事業屬直轄市自治事項亦為我國地方制度法明文規範，中央祇能適法性行使行政監督權，自來水事業經營管理既屬台北市政府權責，台北市政府對自來水事業即應具有完整自治權，以維護地方自治精神。然而，看似實施多年的地方制度法，在經中央與地方多次磨合及法令修正，互動理應更趨成熟，在六都升格後陸續提出權限需求之際，唯獨抗旱期的供水調度，首都市長卻仍無權置喙，當年以修法方式將地方自治權改變，現今觀之，實不符地方自治精神。

三、應變措施欠妥當

六都陸續升格後權利義務增加，一直存在著中央與地方間的權限爭議，對部分業務的要求下放，在未違背規範下，中央於第一時間反應多未能妥適，以致衍生爭議，及至關係弄僵，雖於事後檢討改善，卻常呈現一方不情願，另一方又不領情的尷尬窘境，最終效果未能完整顯現，凸顯出政府應變措施欠缺妥當的嚴重問題。

四、權責相符機制欠缺

　　極端氣候已成常態下，各地極易發生水源不足現象，旱象啟動及調水權既改由中央負責，但中央救災原則卻又是「地方救災、中央支援」，與中央啟動旱象機制及調水權的規範相悖，也與全球府際共治的趨勢背離，權責不相符下責任認定易生爭議，且中央調水權之權責設計上未有監督機制，責任與監督機制皆未明確下，地方政府尤其直轄市政府較難接受。

第二節　研究建議

　　以水資源治理、供水治理及六都升格後的治理等項建議如下：

一、水資源治理部分

　　包括積極開展做法及永續節流做法：

（一）積極開展做法

　　包括小型水庫解決用水需求、興建儲水空間容納水庫溢流水量及新生水的開拓等三項建議：

　　1.小型水庫解決用水需求

　　大型水庫興建政策耗時耗力（人力、財力），動輒上億噸的水庫興建政策難行，在台灣已處於瓶頸，為解決民生與工業用水，小型水庫對環保生態衝擊較小，仍可列入政策選項之內，台灣地形仍可尋找出適合蓄水兼具滯洪效果之地點，並可依地形需求興建蓄水量一千萬至五千萬噸的小型水庫，以解決用水需求。

　　2.興建儲水空間容納水庫溢流水量

　　儲水空間構想需在兩種條件下，其一為氣候條件即雨量不均，其二為須建於水庫下游。國內降雨期程不均，時而暴雨或久不下雨符合氣候條件，雨量多時水庫容量無法完全容納，若能在水庫附近尋覓地點興建儲水槽，當可將平常溢流之庫水攔截於乾旱時應用，以翡翠水庫而言，豐水期時為有效利用水資源，供應下游用水會伴隨發電同時進行，兼能挹注財源，若下游清潭、直潭二壩不缺水時，這些發電尾水自然隨下游攔水壩溢出，溢出的水一年下來相當可觀，此時若能於附近覓尋儲水空間，經由管線將溢出的水輸送，平時儲存，遇乾旱時則可作為調度運用，不失為解決乾旱缺水時之方式。

　　3.新生水的開拓

　　國內缺水並非全面性，開拓新生水可補充缺水部分，例如以汙水轉換為可飲用的新生水在全球已有先例，並已進行十餘年，在地小人稠的新加坡，根本無地興建水庫，此一水資源缺乏國家，即運用高科技發展新生水，啟動所謂活水工程計畫，就是將汙水全面回收，以科技轉換出可飲用的新生水，解決了新加坡缺水國的用水問題，我們國家可做為參考。

（二）永續節流做法

　　涵蓋強化水庫淤積治理及管線汰換減少漏水率等二項建議：

　　1.強化水庫淤積治理

　　興建大型水庫不易，現有水庫永續經營就成為重要治理課題，水庫治理重點除了「水質」，也強調「水量」，「淤積」素

有水庫殺手之稱，會減少水庫水量進而減少水庫壽命，為減少水庫淤積，關鍵即在於上游集水區的治理，治理有治標與治本兩種，治標部分管理單位應每年編列預算治理集水區，包括邊坡的植栽、水土保持工程等整治工作，避免颱風豪雨即造成邊坡土石的大量坍方，坍方減少，淤積量自然減少，治本部分政府有責教育民眾集水區內不得濫墾濫建之正確觀念，只有標本並治，現有水庫永續經營始能實現。

2.管線汰換減少漏水率

國內自來水事業的兩個機構，均面臨管線老舊問題，管線老舊除了水質受影響，有裂縫或破損的管線也無法供應穩定的水量。雖然兩家公司固定編列預算汰換所屬管線，但畢竟自負盈餘，汰換管線須顧及每年營收，致預算額度緩不濟急，尤其自來水公司管線幅員遼闊，老舊管線問題更是嚴重，一年起碼流失掉一座大型水庫的水量，政府應介入要求一定期限內將管線問題解決，否則即使再多的開源措施也無法應付天天流失的水量。

二、供水治理部分

提出高層責任機制、回歸地方自治授權台北市管理及雙北市合併免修法等建議：

（一）高層責任機制

公部門往常較為人所詬病，即在於責任追究的公平性，以現有中央統籌調水權而言，雖有內部獎懲及外部監察院調查等機制，但在中央調水權之權責設計上，若無另定中央水利主管

機關決策者之責任認定機制，恐仍生權責不符甚而被譏諷隔靴搔癢。只有在高位者責任明確下，才能去除高層有權卻無責的惡習，兼可杜絕爭功諉過之風。至於決策者責任認定，則應有類似委員會或任務編組織的設計，成員百分之七十向外聘請專家學者，內部成員佔百分之三十，結構上做到針對高層次人員之實質監督，始能形成有權有責之機制。

（二）回歸地方自治授權台北市管理

依憲法及地方制度法精神，地方水利應為地方事務，台北市供水調度能力可從本研究的個案抗旱經驗獲知：乾旱期間的調度水源，獲得台北市民肯定，調度成功無虞。且以授權方式由台北市管理，不涉及修法，較為簡易可行。既然翡翠水庫與自來水事業處二單位均為台北市政府一級機關，屬於台北市政府管轄，在既有管理架構上統籌水源調度應無疑慮，而中央在統籌處理水資源調配實務上，既難兼顧公平與專業，不如由中央以授權方式委由台北市自行管理，亦符地方自治精神。

（三）雙北市合併免修法

中央修法將水權調度統一，台北市的抗旱期調水權限直接受影響，在現有修法繁複下，可朝免修法途徑前進，即若日後雙北市合併，甚或北北基合併，以目前供水範圍僅限雙北市而言，屆時供水仍未超出二縣市範圍，自來水事業處轄區的抗旱等調水權，即應順勢由合併後之直轄市主導，此時中央應以夥伴關係角度觀之，避免再修法改變權限為宜。

三、六都升格後的治理

提出治理思維的重新詮釋、擴大參與政策制定的範圍及以功能性為施政運作等項建議：

（一）治理觀點的重新詮釋

各直轄市資源並非相同，中央對升格不久的直轄市，扮演協助轉型的重要角色，包括資源及經費的協助等，六都經由中央不等的輔助，將使六都對內產生都會區火車頭發展功能，對外豐富競爭資源，使國家在全球經濟競爭中擁有優勢。六都先天資源優於一般縣市，將在各自都會區域形成發展典範，若中央無視於六都角色的轉變，升格直轄市後相應的資源未下放，直轄市將難以施展提升國際競爭力的施政作為，為因應世界經濟環境的競爭，以肩負世界經濟競爭功能，中央集權式的治理觀點應予改變。

（二）擴大參與政策制定的範圍

國家與地方政府共同治理既為全球趨勢，中央即應擴大地方政府參與政策制定的範圍，由於各地方政府資源條件不盡相同，可由直轄市政府先行試辦。大法官五五○號解釋已將須由地方負擔經費之法律制定，囑於過程中應予地方政府充分之參與，雖僅針對須地方負擔經費之法律制定，但未來六都之定位，國人與施政者本就有更前瞻的期許，只要中央擬訂政策計劃可能影響地方政府權益時，即應符合解釋意旨，應讓直轄市充分參與，提供意見。

（三）以功能性協力方式施政運作

中央與地方既為夥伴關係，事關施政成效的重大施政推動，即應以功能性施政運作的「協力」方式，由中央與地方機關雙方協力運作，由於六都形成，面臨全球化競爭挑戰及民眾對政經發展的願景期待，使直轄市亦應扮演分擔「推動者」角色，應有更大權限得以自為特定發展政策；具體而言，在推動施政運作上，即以重要施政項目或施政計畫做為「治理」基礎，調和中央與地方政府間的地位落差，不再侷限中央與地方差異關係上，此種功能性的協力運作夥伴關係，也不再是形而上之的抽象關係，而是具體建立於公共事務的治理細目，中央有資源優勢，直轄市也有在地優勢，只有在雙方皆能共同分享資源下，最終始能創造「雙贏」成果。

參考書目

一、中文參考書目

王俊秀，1993，「歐、美、日主要環保團體行動策略之研究」，行政院環保署研究計畫。

尹效忠，1959，經濟部水資源統一規畫委員會，「大甲溪流域開發達建水庫計畫定案報告」。

史美強，2005，制度、網絡與府際治理。台北：元照出版公司。

田榕祿(2009)，英國的府際關係，空大行政學報，〈20〉，49-86。

李長晏，1999，我國中央與地方府際關係分析：英國經驗之學習。國立政治大學公共行政學系博士論文。2011，區域發展與跨域治理先期規劃。台北：行政院研究發展考核委員會。

辛炳隆，2005，強化我國職訓體系之研究，行政院經建會。2012，就業服務業務中央與地方政府之權責分工及組織設計》，由委託研究單位行政院研究發展考核委員會，委託社團法人台灣勞動與社會政策研究協會研究。

吳定，1991，公共政策。台北：華視文化事業公司，初版。

張世賢、林水波，1990，公共政策。台北：五南圖書出版公司，
　　五版。

林水波，1981，「政策執行之理論探討」，思與言，十八卷六期，
　　頁 459-501。1992，「政策本身與政策執行力的關聯性」，
　　政治科學論叢，四期，頁 1-41。

姚祥瑞，1995，「我國水資源政策執行研究-翡翠水庫與民眾互
　　動關係之個案探討」，中國文化大學碩士論文，1995 年
　　6 月 1 日。謝毅雄 1995 年 3 月 28 日訪談紀錄，收錄於
　　論文內。

陳海萍，1978，「立委邀請科學界討論翡翠水庫學術座談會」，
　　中華雜誌 176：27-33。

紀俊臣，1999，精省與新地方制度。台北：元照出版公司。2004a，
　　地方政府與地方制度法。台北：元照出版公司。2013，
　　垂直府際關係之建構：政府組改與六都成立後組織生態
　　分析，中國地方自治學會，66（6），4-19。

張正修，2003b，地方制度法理論與實用（2）：本論（Ⅰ）。臺
　　北：學林文化。

張千帆，2008，主權與分權-中央與地方關係的基本理論。中
　　研院法學期刊，3，55-113。

姚祥瑞，2012，抗旱一頁-憶民國 91 年抗旱。載於姚祥瑞〈編〉
　　翡翠水庫建庫 25 週年特刊，2012：60-65。台北：台北
　　翡翠水庫管理局。

彭懷恩，2006，當代政治學概論。台北：風雲論壇。

2009，1949－2009，台灣政治發展。台北：風雲論壇出版社。

彭錦鵬，2005，全觀型治理—理論與制度化策略，《政治科學

論叢》，23: 71-100。

魏鏞、紀俊臣，2003，台北市與中央關係之研究―市政專題研究報告第 332 輯。臺北：市政府研究發展考核委員會。

廖天美（譯），1992，美國憲法釋譯（E.S.Corwin 等原著）。台北：結構群文化事業公司。

趙永茂，2003，《台灣府際關係與跨域管理的發展策略與途徑》，兩岸地方政府管理比較研究研討會論文集。東海大學政治系主辦。

蕭全政等，2011　縣市改制為直轄市後中央與地方業務功能調整之研究，行政院研考會委託財團法人國家政策研究基金會研究。

二、英文參考書目

Almond,Gabriel A,1956　'Comparative Political Systems' *Journal of Political*,Vol.18,（August.）：22-57.

Almond,Gabriel A and Sindney,Verba,1963 *The Civic Culture：Political attitudes and Democracy in five nations.Princeton*：Princeton University Press.

Berman,Paul,1978 The Study of Macro-and Micro-Implementation.*Public Policy*,26：2（Spring1978）157-184.

Brante,1990 *Professions in Theory and History*：rethinking the study of the professions,London；Newbury park：,Sage Publications Ltd.

Bennett,Robert J,1990 *Decentralization,Local Government,,and Markets*：Towards a post-Welfare Agenda.Oxford：Clarendon Press.

Drucker,Peter F,1980 The

Deadly Sins in Public Administration.*Public Administration Review*,March/April,100-110.

Dye,Thomas R,1998 *Understanding Public Policy*.9th ed.Englewood Cliffs,New Jersey：Prentice-Hall.

Dunn,William N,1994 *Public Policy Analysis*：An Introduction.2ed Englewood Cliffs,New Jersey.Europe,pp.15-39.Cheltenham:Edward Elgar.

Elazar, D. J,1995 "Federalism." In Seymour Martin Lipset (ed.), *The Encyclopedia of Democracy* (pp. 474-82). London: Routledge.

Farh,J,L.〈樊景立〉, &Cheng,B,S.〈鄭伯壎〉,2000,A cultural analysis of paternalistic ledership in Chinese organizations. In J.T.Li.,A.S.Tsui, &E.Weldon〈Eds〉,*Management and organizations in the Chinese context* .London：Macmillan.

Hague, Rod,1998,*Comparative Government and Politics*: An Introduction. Macmillan Press.

OECD,1999,*Managing Accountability in Intergovernmental Partnerships,* Paris: OECD.2001,*Local Partnerships for Better Governance*, Paris: OECD.

Grindle,Merilee S,1980 *Politics and Policy Implementation in the Third World.Princeton*,New Jersey：Princeton University

Press.

Key,Valdimer O,1967,*Public Opinion and American Democracy*.New York：Alfred A.Knopf.

Kickert, W. J. M,1997a, Public Governance in the Netherlands: An Alternative to Anglo-American Managerialism. *Public Administration*,75（4）, 731-752.1997b,*Public Management in the United States and Europe in Walter* J.M..Kickert(ed.),Public Management and Administrative Reform in western.

Pritchett, C. Herman,1959,*The American Constitutional Law* New York: Megrawwill Book Company, Inc.

Prentice-Hall,Lindblom,Charles　E　and　Woodhouse,Edward J.1994,*The Policy-Making Process*.3rd ed.Englewood Cliffs,New Jersey：Prentice-Hall.

Lowi,Theodore J,1964,American Business Public Policy,Case Studies,and Political Theory. *World politics*,16：667-715.

Nakamura,Robert T and Smallwood,Frank,1980 *The politics of Policy Implementation*.New York：Martin`s Press.

Nixon,Jaqi,1980,The Importance of Communication in the Implementation of Government Policy at Local Level. *Polivy and Politics*,8：2,127-144.

Putnam,Linda L and Roloff,Michael E,1992,*Communication and Negotiation*.Newbury park,California：Sage.

Ripley,Randall B and Franklin,Grace A,1986,*Bureaucracy and Policy Implementation* .Chicago.ZLL：The Dorsey Press.

Rhodes, R. A. W. and Marsh, D,1992,New directions in the study of policy networks,*European Journal of Political Research*, 21（1-2）, 11.

Rhodes, R. A.W,1996,The new governance: governing without government.*Political Studies*, 44（4）, 652-667.1997 *Understanding Governance: Policy Networks, Governance, Reflexivity and Accountability. Buckingham*: Open University Press.1999a,*Control and Power in Central-Local Government Relations*. 2nd ed. London: Ashgate Publishing Ltd.

Van Meter,Donld S and Van Horn,Carl E.1975,'The Policy Implementation Process：A Concept Framework '.*Administration and Society*,6：4（February）445-487.

Wright,Deil Spencer,1988) Understanding Intergovernmental Relations.*Pacific Grove*（3rd ed)CA：Brooks/Cole Publishing Company.

Rod Hague,Martin Harrop & Shaun Breslin,2001,*Comparative government and politics：an introduction,*侍建宇編譯：比較政府與政治（台北：五南圖書出版公司,2001 出版）。

國家圖書館出版品預行編目資料

六都與中央治理模式探微/ 姚祥瑞　著
-- 民國 105 年 3 月 初版. –
臺北市：蘭臺出版社 -
ISBN：978-986-5633-24-0(平裝)
1.公共行政　2.政府效能
573.9　　　　　　　　　　　104028987

六都與中央治理模式探微

著　　　者：姚祥瑞

執行編輯：高雅婷

執行美編：林育雯

封面設計：林育雯

出 版 者：蘭臺出版社

發　　　行：蘭臺出版社

地　　　址：台北市中正區重慶南路 1 段 121 號 8 樓之 14

電　　　話：(02)2331-1675 或(02)2331-1691

傳　　　真：(02)2382-6225

E—MAIL：books5w@yahoo.com.tw 或 books5w@gmail.com

網路書店：http://bookstv.com.tw　http://store.pchome.com.tw/yesbooks/
　　　　　　博客來網路書店 http://www.books.com.tw
　　　　　　http://www.5w.com.tw、華文網路書店、三民書局

經　　　銷：成信文化事業有限公司

電　　　話：（02)2219-2080　　　　傳　真：(02)-2219-2180

劃撥戶名：蘭臺出版社　帳號：18995335

香港代理：香港聯合零售有限公司

地　　　址：香港新界大蒲汀麗路 36 號中華商務印刷大樓

C&C Building, 36,Ting, Lai, Road, Tai,Po, New,Territories

電　　　話：(852)2150-2100　　　　傳真：(852)2356-0735

總 經 銷：廈門外圖集團有限公司

地　　　址：廈門市湖裡區悅華路8 號4 樓

電　　　話：（592)2230177　　　　傳　真：(592)-5365089

出版日期：中華民國 105 年 3 月 初版

定　　　價：新臺幣 360 元整

ISBN　　978-986-5633-24-0